Da sedução na relação pedagógica

Dados Internacionais de Catalogação na Publicação (CIP)
(Câmara Brasileira do Livro, SP, Brasil)

Morgado, Maria Aparecida.
 Da sedução na relação pedagógica: professor–aluno no embate com afetos inconscientes / Maria Aparecida Morgado. – 2ª ed. – São Paulo: Summus, 2002.

 Bibliografia.
 ISBN 85-323-0765-5

 1. Interação professor–alunos 2. Pedagogia 3. Professores e estudantes 4. Psicanálise 5. Psicologia educacional 6. Relações interpessoais I. Título.

01-6356   CDD-371.1023

Índices para catálogo sistemático:

1. Autoridade pedagógica : Professores e alunos :
   Relacionamento afetivo-cognitivo : Educação   371.1023
2. Professores e alunos : Relação pedagógica : Educação
                                                371.1023

Compre em lugar de fotocopiar.
Cada real que você dá por um livro recompensa seus autores
e os convida a produzir mais sobre o tema;
incentiva seus editores a encomendar, traduzir e publicar
outras obras sobre o assunto;
e paga aos livreiros por estocar e levar até você livros
para a sua informação e o seu entretenimento.
Cada real que você dá pela fotocópia não autorizada de um livro
financia o crime
e ajuda a matar a produção intelectual de seu país.

Da sedução na relação pedagógica

Professor–aluno no embate
com afetos inconscientes

MARIA APARECIDA MORGADO

summus
editorial

DA SEDUÇÃO NA RELAÇÃO PEDAGÓGICA
Professor–aluno no embate com afetos inconscientes
Copyright© 1995, 2001 by Maria Aparecida Morgado
Direitos desta edição reservados por Summus Editorial

Capa: **Tereza Yamashita**

Summus Editorial
Departamento editorial:
Rua Itapicuru, 613 – 7º andar
05006-000 – São Paulo – SP
Fone: (11) 3872-3322
Fax: (11) 3872-7476
http://www.summus.com.br
e-mail: summus@summus.com.br

Atendimento ao consumidor:
Summus Editorial
Fone: (11) 3865-9890

Vendas por atacado:
Fone: (11) 3873-8638
Fax: (11) 3873-7085
e-mail: vendas@summus.com.br

Impresso no Brasil

ÍNDICE

Apresentação 7

Prefácio 9

Introdução 13

Capítulo I: Do Pedagógico ao Psicanalítico 31

Capítulo II: Identificação 45

Capítulo III: Transferência 63

Capítulo IV: Contratransferência 93

Capítulo V: Da Sedução na Relação Pedagógica 107

Capítulo VI: Qualquer Semelhança Não é Mera
   Coincidência 125

Referências Bibliográficas 135

APRESENTAÇÃO

Título instigante que nos conduz para uma análise do entrelaçamento afetivo-cognitivo no exercício da autoridade do professor.

A autora mostra como opções teórico-metodológicas conscientes são atravessadas por afetos inconscientes, cuja emergência é flagrante na escola.

O livro fundamenta-se em conceitos da psicanálise (identificação, transferência e contratransferência) que definem uma forma de ver as interações sociais. À luz desse referencial, o texto vai desenrolando os fios do emaranhado que liga a autoridade docente às várias possibilidades de sedução, comprometedoras dos resultados do ensino e da aprendizagem. Para a autora, romper o processo de sedução é removê-la enquanto obstáculo. Neutralizar seu efeito manipulatório e substituí-la pela autoridade pedagógica competente é uma das muitas tarefas do professor. Dessa forma, o texto estabelece o limite entre autoridade pedagógica e sedução.

Profa. dra. Abigail Mahoney

PREFÁCIO

O que moveu Maria Aparecida Morgado na pesquisa e na redação de sua Dissertação de Mestrado na PUC-SP foi muito mais que uma exigência acadêmica. Havia um problema que a atormentava e que exigia um equacionamento teórico capaz de propiciar soluções práticas: como garantir para a relação professor-aluno uma *qualidade* tal que permitisse e promovesse o sucesso no ensino e na aprendizagem? Ora, "sucesso" no ensino e na aprendizagem implica uma transformação gradual da assimetria básica que caracteriza a distribuição de saber e de poder entre os dois pólos em que professor e aluno inicialmente se encontram e se defrontam. Uma relação pedagógica não se constituirá se essa assimetria inicial não for assumida, mas tampouco se resolverá se o processo não resultar numa redução dessa assimetria. Uma relação professor-aluno bem-sucedida será a que, idealmente, tende para a dissolução da assimetria e de si mesma. Enfim, uma relação pedagógica impõe tarefas difíceis como são o exercício moderado da autoridade pelo professor, uma relativa submissão a ela por parte do aluno, e a constituição, pelos dois parceiros, de possibilidades de contestação fecunda e de superação da autoridade.

Para tratar dessas questões, a autora se voltou, de início, para algumas das mais prestigiadas correntes do pensamento pedagógico contemporâneo, em particular para as que compreendem o ensino no contexto de práticas sociais complexas, ou seja, em contextos políticos. Algo, porém, parecia não ser aí suficientemente contemplado. Refiro-me à dimensão dos vínculos e movimentos afetivos que unem professor e aluno numa sutil coreografia que é, em grande medida, invisível a olho nu.

Maria Aparecida Morgado viu-se então conduzida — diria mesmo "forçada" — a trabalhar as questões relativas à autoridade na relação pedagógica a partir de um viés *clínico* e, mais particularmente, *psicanalítico*. Foi assim que, embora o trabalho continuasse a ser conduzido na Pós-Graduação em Psicologia Social, acabei sendo "escolhido" para orientá-lo.

Fui, então, testemunha privilegiada do percurso trabalhoso, criterioso e muito objetivo que a autora fez, ao longo de alguns anos, no campo das teorizações psicanalíticas. Nestas, os focos da pesquisa se concentram nos conceitos que iam se revelando indispensáveis para o desenvolvimento do trabalho: *identificação, transferência* e *contratransferência*, elucidados sob o pano de fundo de uma *teoria da constituição dos psiquismos* centrada no processo de sedução.

"Sedução", convém assinalar, aqui entendida de forma bem distinta do que o termo significa no discurso leigo: "sedução" como exemplo prototípico do exercício de uma violência constitutiva da subjetividade humana, e, simultaneamente, como origem reiterada de impasses, bloqueios e descaminhos no processo de desenvolvimento.

À medida que esse arsenal teórico foi posto a trabalhar na análise da relação pedagógica, um novo universo de fenômenos podia ir sendo descortinado: mecanismos, processos e forças semidissimulados e extremamente poderosos, capazes de estruturar e dinamizar as interações de professores e alunos sem que, em geral, se dessem conta do que se passava com eles e entre eles. Mais que isso, foram-se delineando com muita nitidez as vias pelas quais essas dimensões inconscientes incidiam nos processos de ensino e de aprendizagem, ora abrindo, ora fechando completamente as possibilidades de ensinar e de aprender, ora engendrando movimentos de crescimento e libertação, ora esterilizando a relação pedagógica, seja através do seu rompimento, seja através da sua estratificação. A autora, claro está, não oferece receitas de como lidar com as formas nocivas ou de como tirar partido das formas benéficas da sedução na relação pedagógica. Não há receitas para esse tipo de coisas. O valor do trabalho reside, antes, na exposição dessa dimensão oculta e na problematização que daí cada um de nós poderá derivar para suas atividades docentes.

Felizmente, o texto em que essas descobertas foram relatadas tem a sobriedade e a clareza necessárias para introduzir educadores no campo de algumas das principais questões psicanalíticas e psicanalistas, no campo de algumas das questões centrais da educação e dos possíveis interesses da psicanálise para professores.

Antes mesmo de sua publicação, quando estava disponível apenas na Biblioteca da Pós-Graduação da PUC-SP, esta pesquisa já vinha conseguindo transpor o cerco de silêncio em que jaz grande parte de nossa produção acadêmica. Começava a ser lida e mencionada por outros estudiosos. Tenho certeza de que, na forma de livro, o trabalho de Maria Aparecida Morgado conquistará o alcance que merece no contexto da literatura especializada.

Prof. Dr. Luís Claudio Figueiredo
Livre-docente do Instituto de Psicologia da USP
Coordenador dos Cursos de Mestrado e Doutorado em
Psicologia Clínica da PUC-SP.

INTRODUÇÃO

Este trabalho originou-se da preocupação com dois aspectos do fenômeno pedagógico: a concepção de autoridade docente e a concepção de conhecimento.

No ensino público de terceiro grau, sempre me investi da autoridade de quem se acredita mediadora entre o conhecimento — matéria ensinada — e o aluno. Ao mesmo tempo, sempre me esforcei para não incorrer naquelas posturas pedagógicas que trabalham os conteúdos de ensino como dogmas inquestionáveis ou, então, naquelas posturas que, considerando adequadamente o dinamismo da realidade, concluem, equivocadamente, que nada há para ser ensinado. Entretanto, sempre me perguntei se, nesse movimento, não estaria sujeita a abusar de minha autoridade pedagógica, extrapolar os seus limites e atingir as raias do autoritarismo.

Assim sendo, interessava-me compreender o que caracteriza o abuso da autoridade pedagógica, na relação com o conhecimento e com o aluno, e qual seria a maneira de o docente evitar incorrer em tal abuso.

Para tanto, decidi-me por estudar quatro das principais tendências educacionais que perpassam a escola brasileira: Pedagogia Tradicional, Pedagogia Nova, Pedagogia Tecnicista e Pedagogia Crítico-Social dos Conteúdos.

Após interpretar como a autoridade docente se configura em cada uma delas, concluí que a concepção de conhecimento norteadora da última é que resguardaria o professor do abuso de sua autoridade. Ou seja, considerava que se o docente tivesse uma relação adequada com o conhecimento, no nível de opção teórico-racional, teria também uma postura pedagógica democrática, não autoritária, para com seus alunos.

Historiarei o percurso que me conduziu a essa conclusão, apontando, inicialmente, as principais características de cada uma das quatro concepções e, em seguida, minha interpretação de como a concepção de autoridade docente se relaciona com a concepção de conhecimento[1].

I

É sabido que, no Brasil, a escola esteve e está longe de atender igualmente toda a população, seja pela oferta de vagas, seja pela diferença na qualidade do ensino que é oferecido pelas redes pública e privada.

Acompanhando, mesmo que tardiamente, as tendências pedagógicas de países capitalistas mais desenvolvidos, a escola brasileira caracterizou-se, até a década de vinte, pela transmissão de uma cultura geral humanística, de caráter enciclopédico, que atendia perfeitamente aos interesses das camadas socialmente privilegiadas que a freqüentavam. O conhecimento era transmitido dogmaticamente pela autoridade inquestionável do professor. A tal tendência dá-se o nome de Pedagogia Tradicional.

Devido ao acesso de uma população cada vez mais diversificada à escola — camadas médias e camadas populares —, essa orientação pedagógica começou a se mostrar ineficaz. Era necessário que a escola modernizasse seu ensino, adaptando-se à demanda do desenvolvimento industrial em curso no país. Introduziu-se, assim, a preocupação com os métodos de ensino, com a forma de transmissão do conhecimento. A autoridade professoral foi alvo de muitas críticas. Deu-se grande ênfase à individualidade do aprendiz, a seus processos psicológicos. Imaginava-se que, partindo de suas necessidades espontâneas, o aluno chegaria sozinho aos conteúdos, ao conhecimento. Tal tendência é chamada de Pedagogia Nova, e sua inserção na prática escolar caracteriza-se, fundamentalmente, por uma crescente psicologização do ensino.

Se na Pedagogia Tradicional a ênfase era dada ao conteúdo em detrimento do método de ensino, na Pedagogia Nova a ênfase será dada aos métodos, à forma de transmissão do conhecimento, sempre voltada ao desenvolvimento psíquico do aluno. A exacerbação de tais preocupações acarretará, com o passar do tempo, um crescente menosprezo pelos conteúdos que, agora, estarão a cargo do movimento espontâneo de busca efetuado pelo aluno.

Entretanto, tal oposição entre conteúdo e método[2] não superará a persistência dos elevados índices de evasão e repetência, inviabilizando a tão propagada promoção da igualdade de oportunidades. Além de ineficiente, a escola não oferecia a quantidade de vagas que a população tanto reivindicava.

No nível da política oficial, a Pedagogia Nova cederá lugar à Pedagogia Tecnicista no final da década de sessenta. Para uniformizar o ensino, adequando-o à orientação político-econômica do regime militar, serão introduzidos objetivos educacionais preestabelecidos, consoantes aos modelos de racionalização do sistema de produção capitalista. Enfatizando as técnicas, o método e a supersimplificação dos conteúdos, a Pedagogia Tecnicista comprometerá, ainda mais, a qualidade do ensino. Os manuais de ensino pro-

DA SEDUÇÃO NA RELAÇÃO PEDAGÓGICA

gramado exemplificam a vulgarização do conhecimento decorrente da Pedagogia Tecnicista.

As três tendências pedagógicas arroladas há muito vêm sendo estudadas, questionadas e exaustivamente criticadas por vários autores do campo da Educação, fundamentalmente por aqueles que defendem uma escola pública de qualidade, voltada aos interesses emancipatórios dos segmentos socialmente desfavorecidos. Para as finalidades acima anunciadas, descrevo apenas suas características mais gerais, sem especificar os seus diversos matizes e sem enquadrar, rigorosamente, o contexto sócio-político-educacional em que foram introduzidas no meio escolar brasileiro. Observo somente que, na prática escolar, a expressão dessas tendências não se dá de maneira homogênea ou uniforme. Ao contrário, superpõem-se.

No interior do movimento em defesa da escola pública surgiu, no início dos anos oitenta, a chamada Pedagogia Crítico-Social dos Conteúdos[3]. Na crítica que dirige às tendências mencionadas e às suas respectivas práticas pedagógicas, aponta para a necessidade de articulação entre os conteúdos e os métodos de ensino. Comprometida com a socialização do conhecimento elaborado para os segmentos sociais explorados, que dele têm sido historicamente excluídos, propõe que a escola valorize aquilo que o aluno traz de sua experiência cotidiana — conforme já o fazia a Pedagogia Nova — e que, ao mesmo tempo, articule essa experiência com os conteúdos de ensino. Acredita-se que, articulados à vivência concreta do aluno, tais conteúdos possibilitarão um processo de elaboração crescente em seu nível de apreensão da realidade, evoluindo da síncrese à síntese; podendo transformar-se, ao lado de outras práticas, em um instrumento de luta pela emancipação social[4].

Apontadas as características mais gerais de cada uma

das quatro tendências educacionais, interpreto, em seguida, como a autoridade docente se expressa em cada uma delas, na relação com o conhecimento e com o aluno.

Na primeira tendência — Pedagogia Tradicional —, a autoridade do professor é inquestionável. É ele e somente ele quem domina os conteúdos de ensino, transmitindo-os dogmaticamente. A distância entre seu nível de conhecimento e o do aluno é imensa e insuperável.

Para caracterizar esta postura pedagógica como uma forma autoritária de agressão, tomemos a seguinte colocação de Bohoslavsky:

"Uma das formas mais interessantes que a agressão indireta assume é a maneira pela qual o professor demonstra a sabedoria que alcançou e possui e como ela é inacessível aos alunos. /.../ Ao definir o conhecimento como uma meta a ser alcançada e supostamente motivar o aluno no sentido de tentar alcançar este conhecimento, coloca-o a distância e se erige como intermediário que ao mesmo tempo em que mostra, esconde. /.../ O caráter agressivo de tal conduta não está na frustração que a acompanha, pois é inegável que o professor sabe mais que o aluno e é o intermediário entre o aluno e a matéria. O que faz com que esta modalidade de ação se converta em um ataque direto e não visível é a falta de sentido para o aluno ou a falta de consciência que ele tem desta distância em relação ao objeto, da possibilidade real de encurtá-la sucessiva e paulatinamente e de que o professor não é o possuidor deste objeto mas um facilitador de sua aproximação com ele" (Bohoslavsky, 1982, p. 335).

Esse tipo de prática docente revela uma relação de posse com o conhecimento; relação falsificada daquele que toma

DA SEDUÇÃO NA RELAÇÃO PEDAGÓGICA

por propriedade individual um bem que é social. Revela, portanto, uma postura pedagógica autoritária, já que a autoridade pedagógica perde sua razão de ser, negando aquilo que seria o fundamento de sua função: a socialização do conhecimento.

Na segunda tendência — Pedagogia Nova —, as diferenças entre o professor e o aluno se diluem. É o aluno quem, por sua própria conta, deverá buscar o conteúdo, o conhecimento. Se não mais existem diferenças entre os níveis de elaboração do conhecimento de um e outro, não há razão para existir a autoridade pedagógica. O professor será apenas um facilitador da busca do conhecimento que o aluno empreende dentro de si mesmo.

Da mesma maneira que as práticas inspiradas pela tendência anterior, as práticas inspiradas na Escola Nova revelam uma postura que também não consegue resolver a difícil questão da autoridade. As diferenças entre professor e aluno são escamoteadas através do discurso da igualdade; igualdade impossível de ser pensada em uma relação de óbvia desigualdade: se professor e aluno são iguais como seres humanos, são desiguais naquilo que os une.

Resulta que o discurso demagógico e pseudodemocrático acaba por legitimar a incompetência, uma vez que, independentemente de sua concepção pedagógica, aquele que sabe pode ensinar. Ao negar a assimetria existente entre ele e o aluno, o professor trabalha para que essa assimetria jamais seja superada. Deixa de cumprir aquilo que é a essência de sua função: estabelecer a medição entre o aluno e o conhecimento. O aluno permanecerá aprisionado à eterna condição de aluno; jamais será *negado* enquanto tal.

Ao contrário da tendência anterior, sequer é possível que a postura do professor seja questionada, já que, encarnado na condição de facilitador do diálogo do aluno consigo próprio, sua autoridade pedagógica se torna desnecessária. Lasch assinala:

"A aparência de permissividade esconde um sistema de controle rigoroso, tão mais efetivo porque evita confrontações diretas entre autoridades e as pessoas sobre as quais procuram impor sua vontade" (1983, p. 223).

As versões mais recentes da Pedagogia Nova que, reportando-se a Bernstein, Nicolaci-da-Costa denomina de "pedagogia *do* invisível", exemplificam esse sistema de controle rigoroso, exercido sob a aparência de permissividade.

Trata-se de situações escolares em que o aluno, entregue à sua livre expressão, é minuciosamente vigiado por observadores treinados e, assim, avaliado não apenas nos aspectos públicos de sua vida escolar, como também nos seus aspectos privados.

Nesse contexto, aquelas manifestações do aluno que eram invisíveis para o professor da Pedagogia Tradicional, tornam-se visíveis; ao passo que aquelas regras e critérios pedagógicos que eram visíveis para o aluno da Pedagogia Tradicional, tornam-se, aqui, invisíveis.

A invisibilidade das normas, dos critérios, dos limites e dos papéis, bem como a observação constante dos alunos, propiciam que sutilmente se estabeleça um sistema de controle global, onde impera a aparência de liberdade.

"É nessa precariedade (ou ausência) de uma linha divisória entre o público e o privado, acoplada à ênfase na liberdade de expressão e ao incentivo dado ao desenvolvimento de capacidades indiossicráticas, que se instaura

DA SEDUÇÃO NA RELAÇÃO PEDAGÓGICA

um potencial de controle jamais sonhado em qualquer pedagogia dita tradicional.

Ao se expressarem livremente na presença de observadores atentos e treinados (professores e seus assistentes), e que dispõem de tempo, as crianças facultam a seus agentes socializadores uma observação minuciosa e penetrante de todos (ou quase todos) os aspectos de seu *fazer* e de seu *ser*" (Nicolaci-da-Costa, 1987, p. 87).

Na terceira tendência — Pedagogia Tecnicista —, a autoridade pedagógica também desaparece da sala de aula. Irá, entretanto, reaparecer nos manuais instrucionais uniformizados e impessoais que o professor se limita a distribuir para os alunos. À maneira da primeira concepção, os conteúdos de ensino serão transmitidos dogmaticamente. Contudo, trata-se agora de uma autoridade invisível e, portanto, muito mais difícil de ser identificada e, mesmo, confrontada.

Aqui, a autoridade que dirige o processo de ensino-aprendizagem é o tempo que o aluno leva para preencher, com respostas corretas, cada uma das páginas do manual. O autoritarismo contido nesta maneira dogmática de ensinar, em que apenas uma única resposta estereotipada é possível para cada questão, não se materializa, portanto, na pessoa do docente. Mais uma vez o conhecimento é tratado como propriedade, não do indivíduo professor, mas sim de alguma entidade misteriosa de quem o professor é mero mensageiro.

Na quarta tendência — Pedagogia Crítico-Social dos Conteúdos —, a autoridade pedagógica reaparece na sala de aula, colocando-se como mediadora entre as experiências trazidas pelo aluno e os conteúdos. Assumida a assimetria existente entre os níveis de elaboração do conhecimento de um e de outro, o trabalho do professor consistirá no esforço permanente de contribuir para que o aluno supere, paulatinamente, essa distância; para que, ao longo do processo, o aluno se negue enquanto tal, reaparecendo como um novo professor.

Antes de prosseguir, esclareço que coloquei os quatro tipos de discursos pedagógicos em suas formas puras, por uma questão didática. No caso da Pedagogia Tecnicista, implantada pelas leis 5.540/68 e 5.692/71, a aplicação de sua metodologia não necessariamente implicou uma postura tecnicista do professor; apesar de pressionado pela política oficial, ainda estava muito influenciado pelos princípios das pedagogias Nova e Tradicional. Muito embora o discurso seja uma importante determinação da prática docente, não é a única. Justamente por isso, para cada uma das quatro tendências, podem existir professores que ensinam, como podem existir aqueles que não ensinam. Entretanto, em meio a tal ecletismo, podem ser encontrados professores cuja prática corresponda bastante a esta ou àquela tendência.

Ao propor que a articulação entre os conteúdos e os métodos de ensino passe pela mediação da autoridade pedagógica, creio que a Pedagogia Crítico-Social dos Conteúdos esteja visando:

a. à superação do imperialismo professoral, contido na primeira tendência;

b. à superação da negação da diferença entre os dois níveis de elaboração do conhecimento e, conseqüentemente, a superação da impossibilidade de que o professor possa ensinar alguma coisa, contidas na segunda tendência;

DA SEDUÇÃO NA RELAÇÃO PEDAGÓGICA

c. à superação da negação da necessidade do professor em sala de aula, contida na terceira tendência;

d. e, por fim, à recuperação da autoridade pedagógica como elemento mediador entre o aluno e os conteúdos culturais.

Recupera-se, dessa maneira, não apenas a importância dos conteúdos, deslocados do plano central nas segunda e terceira tendências, como também a importância de que o professor ajude o aluno a se aproximar, cada vez mais, desses conteúdos — preocupação inexistente nas primeira, segunda e terceira tendências. Mesmo que a apropriação dos conteúdos objetive sua própria superação, de qualquer maneira, é desses mesmos conteúdos que o aluno tem de partir.

Assim sendo, o professor é uma autoridade que se assume enquanto tal fazendo-se presente, assumindo para si próprio, e não delegando a outrem, as vicissitudes, os conflitos, os avanços e os retrocessos que seu trabalho implica. A respeito disso, Snyders coloca:

"O risco pedagógico, risco de induzir os alunos em erro ou de lhes influenciar arbitrariamente a vontade, a fim de os dirigir para o que julgamos verdadeiro, esse risco é a própria definição do ensino; e, se devemos trabalhar sem descanso para o reduzir, não há, apesar disso, meio algum de o suprimir /.../" (Snyders, *op. cit.*, p. 306).

Portanto, da competência técnica — domínio dos conteúdos de ensino — provém a autoridade que o professor exerce quando estabelece a mediação entre esses conteúdos e as vivências concretas do aluno[5]. Sobre a autoridade, David Cooper observa:

"/.../ no fundo, o problema consiste em distinguir a autoridade autêntica da inautêntica. A autoridade das pessoas que dela se investem geralmente lhes foi outorgada segundo definições sociais arbitrárias e não a partir de qualquer aptidão real que possuam" (*Apud* Bohoslavsky, *op. cit.*, p. 339). Desse modo, o professor não deve se culpar por sua autoridade, mas sim procurar transformá-la na estratégia pedagógica necessária e adequada pelas mediações que estabelece. É esse investimento na possibilidade de crescimento e interação entre professor e aluno que torna possível a socialização do conhecimento.

Assim entendida, a socialização do conhecimento — que é a função primeira da escola — não opõe conteúdo a método de ensino. Isso não significa que o professor deva se acomodar em relação ao que sabe.

"Trata-se de voltar a pensar e a sentir como a única maneira de converter a situação de aprendizagem numa situação autoconsciente, através de uma crítica sistemática dos conteúdos e de uma autocrítica dos métodos que utilizamos para transmitir estes conteúdos."[6]

A crítica sistemática dos conteúdos e a autocrítica dos métodos utilizados para transmiti-los implicam uma concepção histórica do conhecimento e uma relação democrática de socialização.

Concepção histórica do conhecimento e mediação voltada para o processo de sua socialização colocam a autoridade do professor no seu devido lugar: ela provém de sua competência pedagógica, de sua compreensão mais totalizadora do mundo. Essa síntese o habilita a dar condições para que o aluno articule suas vivências concretas aos conteúdos de ensino, ascendendo a níveis cada vez mais elevados de elaboração do conhecimento.

Considero que as concepções de autoridade e de conhecimento contidas na Pedagogia Crítico-Social dos Conteúdos, diversamente das outras pedagogias, permitem uma postura pedagógica democrática. Constituem o freio contra o abuso da autoridade, já que é na relação com o conhecimento e com o aluno que a autoridade do professor se concretiza.

II

Minha questão inicial estava resolvida: caracterizei o abuso da autoridade e encontrei na Pedagogia Crítico-Social dos Conteúdos a sustentação teórica para assegurar uma postura pedagógica democrática. Entretanto, ainda não me dava por satisfeita com esse passo.

Intrigava-me o embrião de autoritarismo contido na Pedagogia Nova. Vejamos: na Pedagogia Tradicional temos o professor abertamente autoritário; na Pedagogia Tecnicista, o autoritarismo não se materializa na pessoa do professor, mas sim no manual instrucional; na Pedagogia Nova, entretanto, o autoritarismo está dissimulado na prática docente. Dificilmente os alunos percebem que o discurso pretensamente democrático esconde a omissão, a recusa de socializar o conhecimento.

A dissimulação do autoritarismo e a recusa de ensinar não se restringem ao primeiro e segundo graus. Alunos de terceiro grau — mais organizados politicamente e supostamente mais autônomos intelectualmente — também são presas fáceis desse tipo de populismo pedagógico. Por quê?

Se a função primeira da escola é a produção e a socialização do conhecimento, que pode transformar-se em um dos meios de emancipação social, como é que alunos brasileiros de nível superior — que já encontram uma série de obstáculos para aí chegar — em geral não se dão conta de que o professor simpático, empático, amável e "democrata", embora extremamente compreensivo, não lhes ensina absolutamente nada que não possam aprender fora da escola?

Que fatores impedem que percebam nessa recusa velada de ensinar, nesse discurso e prática pseudodemocráticos, a omissão de quem guarda o conhecimento apenas para si, ou de quem realmente não tem para dar e se legitima através do discurso?

É por intermédio da manipulação que esse tipo de professor oculta seu autoritarismo, ou sua ignorância. Talvez o elemento central dessa manipulação seja alguma forma de sedução: seduzindo o aluno, ele consegue ocultar a sutil recusa de socializar o conhecimento.

Nesse caso, convém considerar a sedução como um processo a partir do qual posso formular algumas hipóteses iniciais:

a. provavelmente, a origem da sedução remonte à dependência total que a criança tem dos genitores nos primeiros anos de vida; dependência do suprimento de necessidades biológicas e de necessidades sociais que se constituem a partir das primeiras; com seus cuidados, o genitor seduz para atingir seus objetivos disciplinadores e afetivos; ao mesmo tempo, a criança pode se deixar seduzir para também seduzir e conquistar os cuidados e afetos dos pais;

b. tomando tais relações originais da criança com seus genitores como o ponto de partida para a constituição da sedução, é provável que o processo se estenda, posteriormente, às demais relações sociais de autoridade, uma vez que, numa medida ou noutra, tais relações implicam dependência;

c. na sala de aula, o processo de sedução provavelmente se constitua porque o aluno depende efetivamente do professor, seja no nível de suas necessidades conscientes — como aprovação, reconhecimento social —, seja no nível de suas necessidades inconscientes — como, por exemplo, reconhecimento afetivo; lembremos que, pelas mesmas razões sociais e afetivas, o professor também depende do aluno; estabelecem-se, desse modo, as condições para a sedução recíproca;

d. deve, portanto, tratar-se de um processo que não opera no nível da consciência e que não é unilateral, mesmo que os motivos das partes envolvidas possam não ser exatamente os mesmos.

Ainda que o processo não seja unilateral, privilegio o pólo da sedução que emana do professor, já que é ele quem incorpora a autoridade em sala de aula. Melhor dizendo: o professor escolanovista procura esquivar-se de sua autoridade, escondendo-se através do discurso da pretensa igualdade. É justamente por isso que seduz: a sedução que oculta o autoritarismo não confesso está embutida na sua própria concepção pedagógica.

Entretanto, se o processo de sedução realmente se constitui dos elementos que esbocei acima, é apenas à prática do professor escolanovista que ele compromete? Está livre dela o professor que fundamenta sua autoridade na competência voltada à socialização do conhecimento?

Provavelmente, o compromisso de socializar o conhecimento e a competência necessária para fazê-lo não sejam suficientes para assegurar que o professor não abuse de sua autoridade, dissimulando-a através da sedução. Isso porque, subjacentes à sua opção ideológica-consciente, podem agir elementos inconscientes que solapam essa opção. Afinal, nem sempre é possível ter o nível de consciência que Makarenko demonstra no relato sobre os sentimentos que lhe despertavam as mentiras dos rapazes apaixonados da Colônia Gorki:

"E por isso eu concedia permissão, sufocando no fundo de minha alma pedagógica uma nítida sensação de discrepância. A pedagogia, como se sabe, nega energicamente o amor, considerando que esta 'dominante' só deve aparecer quando o fracasso da influência educativa já se evidenciou totalmente. Em todos os tempos e em todos os povos os pedagogos odiavam o amor. E era-me ciumentamente desagradável observar como um ou outro colonista, faltando a uma assembléia geral ou a uma reunião do Komsomol, largando os livros com desprezo, e desdenhando todas as virtudes de membro ativo e consciente do coletivo, começa teimosamente a reconhecer a autoridade de Marússia ou de Natácha — criaturas em posição inferior à minha, dos pontos de vista pedagógico, político e moral. Mas eu sempre tive inclinação para o pensamento ponderado, e não me apressava em conceder quaisquer direitos aos meus ciúmes" (Makarenko, 1986, p. 76).

Manifestação de conteúdos inconscientes, a sedução compromete não apenas a prática pedagógica do professor pseudodemocrata, mas também a ação do professor democrata. Pode ele incorrer numa prática negadora de sua opção

DA SEDUÇÃO NA RELAÇÃO PEDAGÓGICA

ideológica, que desfigura sua relação com o conhecimento, com sua autoridade e com seus alunos.

Por essas razões, não basta circunscrever a relação pedagógica ao nível racional. É também necessário ir fundo nas necessidades emocionais, nos desejos e temores primitivos[7].

Nessa medida, considero que a compreensão do processo de sedução pode contribuir tanto para que ela deixe de dificultar a ação pedagógica, quanto para que, desvelados seus mecanismos, neutralize-se a sua natureza manipulatória. Para essa última possibilidade, remeto àquelas situações em que o aluno se encanta com o bom professor e, em decorrência disso, aprende mais.

III

Essa nova maneira de focar a dinâmica da relação de autoridade entre professor e aluno, conduziu-me a um outro domínio. Ao domínio dos processos inconscientes e ao domínio das relações originais dos seres humanos, protótipos das demais relações de suas vidas.

Do domínio pedagógico — em que surgiu a questão —, passei para o domínio psicológico das categorias da interpretação psicanalítica. Da opção racional por uma tendência educacional, passei para os elementos inconscientes do processo de sedução que pode desfigurar a autoridade pedagógica.

Da pesquisa bibliográfica prévia[8] emerge o processo de sedução calcado nas relações originais de autoridade da criança com seus pais, que são reeditadas em sala de aula na relação pedagógica.

Desse modo, basearei a reflexão subseqüente nas categorias psicanalíticas. Não haverá necessidade de que eu me atenha à prática pedagógica do professor afiliado a esta ou àquela tendência, uma vez que, operando no nível inconsciente, o processo de sedução, que mascara o abuso da autoridade, pode se fazer presente em qualquer uma dessas práticas.

Através das categorias pedagógicas, apontei, inicialmente, os determinantes ideológico-conscientes do autoritarismo pedagógico. Através das categorias psicanalíticas, abordarei o processo de sedução enquanto determinante psicológico inconsciente do autoritarismo que impede a socialização do conhecimento.

(1) cf. Saviani (1984), Libâneo (1985) e Snyders (1978).

(2) A respeito dessa oposição, Snyders considera: "A pedagogia pode progredir somente se se estabelecer no ponto de encontro dos métodos e dos conteúdos" (1978, p. 245).

(3) Empresto o termo de Libâneo, *op. cit.*.

(4) Dentre os autores que expressam essa tendência, encontram-se os citados Libâneo e Saviani, no Brasil, e Snyders, na França.

(5) cf. G. N. de Mello (1984).

(6) Bohoslavsky, *op. cit.*, p. 338. Embora esse autor não seja propriamente um teórico da Educação nem tampouco possa ser identificado como um dos porta-vozes da Pedagogia Crítico-Social dos Conteúdos, considero que as citações que dele faço vão ao encontro dos princípios dessa tendência.

(7) cf. Adorno, 1965.

(8) cf. Freud (1897, 1905, 1912, 1914), Laplanche (1988), Monzani (1984) e Rieff (1979).

CAPÍTULO I

Do Pedagógico ao Psicanalítico

Neste capítulo serão esboçadas as idéias básicas que permitem a articulação dos campos pedagógico e psicanalítico e, mais particularmente, do problema pedagógico do autoritarismo ao fenômeno psicanalítico da sedução. Os conceitos não estarão sendo aí aprofundados, o que se fará ao longo do trabalho.

I

A psicanálise confere importância capital às primeiras relações da criança com seus genitores, entendendo-as como protótipo das demais relações sociais.

Nessas relações originais, em que a sexualidade/afetividade infantil se constitui no campo da sexualidade/afetividade dos pais — adultos já constituídos e, por isso, mais ativos —, instaura-se o processo de sedução. Dessa maneira, no par sedutor-seduzido, a criança ocupa, num primeiro momento, o pólo mais passivo e tem, nessa desigualdade, sua primeira relação de autoridade.

Considerando que a relação professor-aluno tem como protótipo essas relações originais, procuro demonstrar que o processo de sedução que nela se instaura também remete a essas relações originais. E que, portanto, o desenrolar da relação pedagógica, no que tange à questão da autoridade, depende de como foram sendo elaboradas e superadas as relações originais.

Para isso, caracterizei o fenômeno psicológico inconsciente que determina a reedição da relação original de autoridade na relação professor-aluno; como o processo de sedução necessariamente se insere na constituição da relação original e como, descontextualizada de sua cena de ação, ela se reatualiza na relação pedagógica.

II

Freud estabeleceu inicialmente uma teoria da sedução infantil. Atribuía a causa da neurose histérica à sedução sexual imputada à criança por um adulto. Ao constatar posteriormente que as cenas de sedução relatadas por seus pacientes não haviam efetivamente ocorrido, Freud abandonou essa teoria[1]. Tratava-se, ao contrário, de fantasias de sedução e a dificuldade consistia em que, para manter sua teoria, seria necessário que ele supusesse que a quase totalidade dos adultos é perversa, ou seja, que quase todo o adulto é um perverso sedutor de crianças[2].

Segundo Luís Roberto Monzani[3], quando abandona a idéia da sedução de fato, Freud perde o respaldo para seu argumento de que, além de biologicamente, a sexualidade humana é determinada externamente, socialmente. Será, portanto, obrigado a retornar à visão determinista da Biologia e da Psiquiatria da época, o que irá provocar uma série de imprecisões e oscilações conceituais em seus escritos subseqüentes. Tais oscilações desembocam em duas leituras distintas da Psicanálise: uma delas, aferra-se ao determinismo biológico; entende a fantasia como pura expressão das pulsões sexuais e descarta a importância da idéia de cena primária de sedução; a outra, busca articular a fantasia da sedução infantil a elementos de realidade vivenciados pela criança[4].

Monzani apega-se à segunda leitura, demonstrando que, em seus escritos posteriores, Freud redimensiona a Teoria da Sedução, em vez de abandoná-la. Argumenta que, a partir da descoberta da sexualidade infantil, Freud compreende que não é necessário que o adulto seja um pervertido sedutor de crianças para que estas se sintam e se queiram seduzidas. As mães, com seus cuidados de higiene corporal, suscitam-lhes sensações prazerosas e desprazerosas. Assim, nessa fase pré-edipiana, elementos de fantasia e de realidade se entrelaçam; as coisas vistas, ouvidas e sentidas articulam-se à necessidade pulsional, resultando na construção fantasiosa. Esse conjunto de elementos, determinados biológica e socialmente — pelas vivências da criança —, servirão de sustentação ao clímax da sedução na posterior fase edipiana.

Assim, a idéia de cena primária de sedução, que Freud abandona quando descobre que a sedução por parte do adulto efetivamente não ocorreu, pode ser retomada fundando-se novamente em elementos externos, agora de outra ordem. A lembrança da cena primária de sedução passa a ser entendida como fruto da articulação de fragmentos da realidade às fantasias suscitadas pela pulsão, "fantasias (que) podem operar com toda a força de experiências reais"[5]. Deixemos falar o próprio Freud:

"No período em que o principal interesse voltava-se para a descoberta dos traumas sexuais infantis, quase todas as minhas pacientes contavam-me haverem sido seduzidas pelo pai. Fui forçado a reconhecer, por fim, que tais relatos

DA SEDUÇÃO NA RELAÇÃO PEDAGÓGICA

eram inverídicos, e assim cheguei a compreender que os sintomas histéricos derivam de fantasias, e não de ocorrências reais. Apenas mais tarde pude reconhecer nessa fantasia de ser seduzida pelo pai a expressão do típico complexo de Édipo nas mulheres. E agora encontramos mais uma vez a fantasia da sedução na pré-história pré-edipiana das meninas; contudo, o sedutor é regularmente a mãe. Aqui, a fantasia toca o chão da realidade, pois foi realmente a mãe quem, por suas atividades concernentes à higiene corporal da criança, inevitavelmente estimulou e, talvez, até mesmo despertou, pela primeira vez, sensações prazerosas nos genitais da menina" (1933, v. XXII, pp. 148-149).

Juntamente com o processo de sedução, a autoridade também se constitui desde o início na relação genitor-criança, pela completa indefensabilidade do recém-nascido. Dependendo totalmente do adulto para sobreviver, a criança elege-o como figura de autoridade: aquele que provê e protege torna possível a vida.

A diferença de recursos e experiências entre o humano adulto e o recém-nascido fornece as bases da relação em que um é autoridade e o outro, não. Dessa maneira, todos os cuidados parentais que erogenizam — sexualizam — a criança engendram, a um só tempo, a chamada sedução do adulto e o exercício da autoridade de alguém que sabe mais, pode mais, sobre alguém que sabe quase nada e pode muito pouco.

O conceitual psicanalítico me possibilita o estudo psicossocial da sedução, já que, conforme se pode observar na obra de Freud, o papel da realidade é essencial na constituição do psiquismo humano. Para melhor esclarecê-lo, reproduzo as palavras de Monzani:

"Agora então não é só a cena primitiva, o fato da sedução que foi restaurado, a própria *teoria* da sedução (entendida esta última agora como uma estrutura inerente à relação mãe/criança) encontra seu direito de cidadania porque é nela e por ela que podemos compreender os avatares da personalidade humana. /.../ restaurado o papel fundamental da cena primitiva e da sedução, Freud pode escapar aos perigos que rondavam seus textos: o de assumir a rígida postura do determinismo endógeno. De agora em diante os fatores externos são tão ou mais importantes que os fatores internos. /.../ Como também, de agora em diante, não é preciso nenhum recurso ambíguo para se explicar a estruturação genital da sexualidade: é no e pelo desejo da mãe, da sua posse, que ela se explica. É por isso que as desventuras da sexualidade humana sempre remetem ao episódio edipiano" (1984, pp. 49-50).

Demonstrados os elementos fundadores do processo da sedução, apontarei, a seguir, os prováveis elos entre essas experiências iniciais da criança e a constituição da sedução na relação pedagógica[6].

III

"Uma pedagogia crítica deveria interrogar esse risco cotidiano: de onde vem e por que vem a sedução de tornar-se guru? De onde vem e por que vem em nós e nos alunos o desejo de que haja um Mestre, o apelo à figura da autoridade? E por que, divididos que somos, não cessamos de ter consciência desse risco e dessa sedução sem cessarmos de agir para promovê-los?" (Chaui, 1980, p. 40).

A autora dirige sua interrogação ao professor que se entende mediador entre o aluno e a cultura. Ao professor que, em vez de dialogar com o aluno, possibilita que este dialogue com o conhecimento. Ao mesmo tempo, Marilena Chaui se dirige a este mesmo professor que, por sua "consciência contraditória", corre o risco de fazer exatamente o contrário daquilo em que acredita.

Há pouco, eu apontava nas relações originais da criança com seus pais o ponto de partida para a constituição do processo de sedução na sala de aula.

Considero que as colocações de Marilena Chaui vêm ao encontro da constatação de que a opção teórico-ideológica não é suficiente para evitar o desvio autoritário. Fala ela no "professor possível" que ora pode existir e "ora pode desaparecer, cuja permanência é fugaz porque, como seus alunos, também é uma consciência dividida que substitui o que realmente sabe por uma prática negadora de seu saber efetivo".

Onde ela fala em "consciência contraditória", falo em processos inconscientes; onde ela fala em "prática negadora de seu saber efetivo", falo em processo de sedução que, na prática pedagógica, solapa a opção teórico-ideológica; onde ela fala em "apelo à figura de autoridade", falo em reatualização da relação de dependência inicial, quando a autoridade se institui.

Dessa maneira, colocar-se sedutoramente como "guru" significa colocar-se no lugar do conhecimento. Se o professor personifica o conhecimento, não há o que se possa fazer para que os alunos dele se apropriem. Estarão eternamente aprisionados à condição de discípulos, infantilizados nas suas possibilidades de crescimento e autonomia intelectual. Como num passe de mágica, a autoridade pedagógica faz o conhecimento aparecer e desaparecer, sem mostrar o percurso que permite atingi-lo.

Essa autoridade arbitrária, impositora da lei e da ordem, consegue se manter porque, aparentemente, é provável que satisfaça as necessidades sócio-afetivas de conhecimento e reconhecimento do aluno.

Mas Marilena Chaui pergunta: "de onde vem e por que vem a sedução de tornar-se guru? De onde vem e por que vem em nós e nos alunos o desejo de que haja um mestre, o apelo à figura de autoridade?"

Respondo: a sedução do professor e o desejo do aluno de ser seduzido remontam às primeiras seduções de suas vidas e às relações de autoridade que se configuraram nesse processo. Desse modo, estabeleço o elo entre a sedução original e a sedução na relação pedagógica.

Se, conforme diz Monzani, "as desventuras da sexualidade humana sempre remetem ao episódio edipiano", as desventuras da relação pedagógica também devem remeter a esse mesmo episódio e, portanto, às desventuras sexuais. A desventurada sexualidade do professor se dirige, inconscientemente, para a desventurada sexualidade do aluno que, inconscientemente, se deixa seduzir.

A sedução se reatualiza na relação pedagógica porque — dada a assimetria existente entre professor e aluno — remete à polaridade inicial entre um que sabe mais — um suposto saber do genitor — e um que não sabe e quer saber — a criança.

Observe-se que, a partir dessa polaridade, aquelas figuras parentais que um dia foram tudo para o recém-nascido introjetaram-se, constituindo as primeiras camadas do superego.

A relação pedagógica — entre um que *tem saber* e o outro que *não tem saber* — imita ou reproduz a relação originária que é a própria relação de sedução: o aluno atualiza seus conflitos edipianos na sala de aula, onde a autoridade cin-

DA SEDUÇÃO NA RELAÇÃO PEDAGÓGICA

dida do professor personifica o conhecimento, ocupando o lugar superegóico da lei e da ordem — da onipotência das figuras parentais introjetadas.

Descontextualizado de sua cena de ação, o processo de sedução desfigura a relação pedagógica, resultando em manipulação:

"Que forma mais sutil — pergunta Marilena Chaui — poderia haver para reconciliar nossa divisão, do que fazer com que os alunos dialoguem *conosco* e não com o pensamento e com o mundo que os rodeia, dissimulando nesse diálogo imaginário o deslocamento operado para conduzir a assimetria real até uma simetria ilusória?" (*op. cit.*, p. 40).

Daí a ilusão de que esse tipo de prática pedagógica satisfaz necessidades reais, quando, na realidade, o aluno põe o professor no lugar do conhecimento de que deveria se apropriar: como criança mal resolvida, depende do professor assim como dependeu dos pais.

No terceiro grau, essa situação fica ainda mais problemática porque, além de personificar o conhecimento magicamente, o professor sugere o futuro profissional que o aluno deverá ser.

Todos esses elementos ocultos sustentam e acentuam a sedução manipulatória. Segundo Laplanche, "o sentido escondido, ignorado, /.../ é o *próprio mecanismo de toda sedução*"[7].

Para que a sedução triunfe, não devemos procurá-la nos eventos transparentes e conscientes da relação pedagógica, mas sim "nas necessidades emocionais, muitas vezes nos desejos e temores primitivos e irracionais" (Adorno, 1965, p. 35).

IV

A sedução intelectual — que pode ser mais ou menos erotizada — implica um brutal desvio de autoridade do professor na relação com o conhecimento e na relação com seus alunos.

a. O processo de sedução na relação pedagógica: fundamenta-se na vinculação erótica à autoridade professoral — atualização do vínculo original pré-edipiano de identificação. Pode auxiliar ou obstaculizar o processo educativo do aluno. Obstaculiza-o quando o professor assume contratransferencialmente o lugar da autoridade primordial, colocando-se no lugar da lei e da ordem e no lugar do conhecimento[8]. Ao assumir esse lugar, não cumpre sua função de mediador, pois o aluno fica vinculado a ele e não ao saber.

Segundo a teoria psicanalítica, as realizações culturais são sublimações da pulsão sexual[9], assim como as relações ternas — afetuosas — e respeitosas são transformações da pulsão diretamente sexual em pulsão inibida em seus objetivos sexuais[10]. Assim, para que o processo educativo triunfe, é necessário que a pulsão sexual seja sublimada pela atividade intelectual, e que a vinculação erótica entre professor e aluno seja inibida em seu objetivo sexual, assumindo uma feição erótico-intelectual[11].

Entretanto, como pode isso ocorrer se, além de assumir o lugar da autoridade original — e dos dramas afetivo-sensuais a ela correspondentes — o professor personifica o conhecimento, transformando-se em objeto e objetivo da relação pedagógica?

b. O sedutor: enquanto autoridade real, o professor atualiza a revivescência do processo de vinculação à autoridade original: identificação devida ao respeito submisso daquele que se deixa dominar para ser amado.

O professor pode, assim, ocupar contratransferencialmente o lugar dessa autoridade, em vez de parodiá-la através de uma autoridade erótica eminentemente intelectualizada[12]. Com a capacidade crítica do aluno debilitada, em decorrência da revivescência da sedução original, o professor idealizado se transforma em um sedutor.

Seduz porque ocupa o lugar de uma relação mal resolvida em que a libido ficou fixada no período pré-edipiano e no período edipiano posterior: a vinculação erótica à autoridade se inicia anteriormente ao complexo de Édipo. "Da sedução da filha pelo pai ao seu amor edipiano pelo pai não havia afetivamente mais que um passo" (Laplanche & Pontalis, 1983, p. 613). Seduz ainda porque ocupa o lugar da lei e da ordem — um lugar superegóico, que se configurou em função do complexo de Édipo[13]. Ao ocupar o lugar da lei e da ordem, ocupa também o lugar do conhecimento. Esse processo contratransferencial, descontextualizado de sua história, dificulta o acesso do aluno ao conhecimento porque o professor se torna um ser onipotente, onisciente e onipresente, assim como o foram os pais do aluno no começo de sua infância.

c. O seduzido: dependendo de como se desenvolveu sua sexualidade infantil — processos afetivo-sensuais, ou seja, combinação entre pulsões diretamente sexuais e pulsões inibidas em seus objetivos sexuais —, o aluno está mais ou menos à mercê da sedução do professor que ocupa o lugar do sedutor original pré-edipiano[14].

Portanto, a natureza do percurso de constituição das instâncias psíquicas do aluno é de importância fundamental. A severidade de seu superego em relação ao ego pode ser maior ou menor. Exemplificando: um superego severo e extremamente crítico é pouco crítico em relação às figuras que atualizem modelos de autoridade e ideais sociais — como é o caso do professor. Nessa medida, o aluno é bastante vulnerável à sedução contratransferencial que o manipula porque o professor toma o lugar do vínculo erótico-afetivo original que abriu o caminho para as interdições.

Desse modo, a relação pedagógica se presta à reedição de fixações libidinais recíprocas e não à socialização do conhecimento. Propriedade privada de uns poucos, presta-se aos desígnios da exclusão econômica e cultural.

Conforme caracterizo acima, a sedução não é um processo intencional e consciente. O vínculo transferencial se estabelece sem que professor e aluno o percebam. Privilegio o pólo do professor porque ele representa uma figura de autoridade, o que implica a relação transferencial, na qual ele pode ou não seduzir contratransferencialmente.

Além disso, o contexto educacional está estruturado nas figuras de autoridade, o que reforça os vínculos transferenciais. Os integrantes da estrutura não têm essa consciência; ou, talvez, mantenham-se inconscientes dessas mazelas por conveniência.

Uma nova perspectiva está colocada. A racionalidade da Didática e da Metodologia de Ensino não é suficiente para abordar esse problema da prática pedagógica. Farei o caminho inverso.

No segundo, terceiro e quarto capítulos, trabalharei os conceitos psicanalíticos fundamentais para a compreensão do processo de sedução: Identificação, Transferência e Contratransferência. No seguinte, estabelecerei a intersecção entre os campos pedagógico e psicanalítico. No último capítulo, apresentarei alguns exemplos de situações em que a sedução emerge na relação pedagógica.

(1) Freud, 1897, v. I, p. 352.

(2) Monzani, 1984.

(3) id. ibid.

(4) id. ibid.

(5) Freud, 1897, v. I, p. 352.

(6) cf. La Boétie (1986) e Marcondes Filho (1985).

(7) 1988, p. 123.

(8) "Freud ligou o amor de volta ao fato parental da dominação. O poder é o pai do amor e, ao amar, a pessoa segue o exemplo paternal de poder, numa relação que deve incluir um superior e um subordinado" (Rieff, 1979, p. 165).

(9) "Os historiadores da civilização parecem unânimes em admitir que poderosos componentes são adquiridos para toda espécie de realização cultural por este desvio das forças instintivas sexuais dos objetivos sexuais e sua orientação para objetivos novos — processo que merece o nome de 'sublimação'" (Freud, 1905, v. VII, p. 182).

(10) "Naturalmente não ficaremos surpresos ao ouvir que os impulsos sexuais inibidos em seus objetivos se originam daqueles diretamente sexuais quando obstáculos internos ou externos tornam inatingíveis os objetivos sexuais" (Freud, 1921, v. XVIII, p. 175).

DA SEDUÇÃO NA RELAÇÃO PEDAGÓGICA

(11) Como a relação pedagógica também contém elementos constitutivos da relação terapêutica — atualização transferencial do vínculo original à autoridade —, retiro desta última a fundamentação para a formulação acima. "Para quebrar o padrão de dominação e emancipar a sexualidade de mera serventia à autoridade, uma figura autoritária é necessária. Porém, justamente porque o analista é uma figura de autoridade *terapêutica*, ele não deve corresponder ao amor do paciente. Esta contratransferência fortaleceria apenas as imagens da autoridade parental que a análise tem por objetivo destituir. Para os propósitos de confrontar Eros, a autoridade erótica do analista deve ser intelectualizada, essencialmente parodiada" (Rieff, *op. cit., p. 181*).

(12) Assim procedendo, o professor não propicia que ocorra "/.../ o desligamento da autoridade dos pais, um processo que, sozinho, torna possível a oposição, tão importante para o progresso da civilização, entre a nova geração e a velha" (Freud, 1905, v. VII, p. 234).

(13) "Freud vê na consciência moral, na auto-observação, na formação de ideais, funções do superego. /.../ Classicamente, o superego é definido como o herdeiro do complexo de Édipo; constitui-se por interiorização das exigências e das interdições parentais" (Laplanche & Pontalis, 1983, p. 643).

(14) Lembremos Monzani: "/.../ a própria teoria da sedução (entendida esta última agora como uma estrutura inerente à relação mãe/criança) encontra seu direito de cidadania porque é nela e por ela que podemos compreender os avatares da personalidade humana" (*op. cit.*, p.49).

CAPÍTULO II

Identificação

O conceito de identificação ocupa um lugar central na obra de Freud:

"A identificação é conhecida pela psicanálise como a mais remota expressão de um laço emocional com outra pessoa. Ela desempenha um papel na história primitiva do complexo de Édipo. Um menino mostrará interesse especial pelo pai; gostaria de crescer como ele, ser como ele e tomar seu lugar em tudo. Podemos simplesmente dizer que toma o pai como seu ideal" (1921, v. XVIII, p. 133).

Esse processo psicológico, em que o indivíduo se constitui a partir do modelo de outra pessoa, é a forma mais primitiva de relação emocional. Instala-se antes da relação de objeto propriamente dita, ou seja, antes da diferenciação do ego, quando o objeto é situado como independente. Instala-se, portanto, antes da configuração do complexo de Édipo.

"/.../ trata-se de uma identificação direta e imediata, e se efetua mais primitivamente do que qualquer catexia do objeto" (Freud, 1923, v. XIX, pp. 45-46).

DA SEDUÇÃO NA RELAÇÃO PEDAGÓGICA

A relação de objeto se torna possível a partir do processo de diferenciação do ego em relação ao id; ou seja, a emissão de catexias objetais é possível quando o objeto é situado como independente do indivíduo.

Na emissão dessas catexias, um dos genitores, ou ambos, com os quais a criança se identificou inicialmente, é tomado como objeto de amor sexual. O processo culminará no complexo de Édipo, que, na sua forma simplificada, implica tomar um dos genitores por objeto e ver no outro um obstáculo à posse do objeto. Impossibilitada física, afetiva e psicologicamente de concretizar seus objetivos, a criança terá de encontrar uma outra saída.

"Se alguém perdeu um objeto ou foi obrigado a se desfazer dele, muitas vezes se compensa disso identificando-se com ele e restabelecendo-o novamente no ego, de modo que, aqui, a escolha objetal regride, por assim dizer, à identificação. /.../ Abandonando o complexo de Édipo, uma criança deve, conforme podemos ver, renunciar às intensas catexias objetais que depositou em seus pais, e é como compensação por essa perda de objetos que existe uma intensificação tão grande das identificações com seus pais, as quais provavelmente há muito estiveram presentes em seu ego" (Freud, 1933, v. XXII, pp. 82-83).

Essa segunda forma de identificação, decorrente do abandono de catexias objetais, implica, na verdade, uma regressão à identificação primordial, onde inexistia a relação objetal e a decorrente transformação da libido do objeto em libido narcísica, ou libido do ego[1].

Assim, a formação do ego é o resultado de identificações originais e de identificações regressivas que, subseqüentemente ao abandono de catexias objetais, reforçam as primeiras.

"Quando o ego assume as características do objeto, ele está-se forçando, por assim dizer, ao id como um objeto de amor e tentando compensar a perda do id, dizendo: 'Olhe, você também pode me amar; sou semelhante ao objeto'" (Freud, 1923, v. XIX, p. 44).

Não é apenas o ego — que busca harmonizar os interesses pulsionais do id com as exigências da realidade — que se constitui a partir das identificações. No interior do próprio ego, uma outra instância, o superego, diferencia-se. Também herdeiro das identificações, é ele o responsável pela auto-observação do ego, pela função de consciência — na medida em que julga e sanciona o ego — e pela avaliação do ego em relação a um ideal do ego[2]. Mantém-se, desse modo, à parte do ego.

"Assim, temos afirmado repetidamente que o ego é formado, em grande parte, a partir de identificações que tomam o lugar de catexias abandonadas pelo id; que a primeira dessas identificações sempre se comporta como uma instância especial no ego e dele se mantém à parte sob a forma de um superego /.../" (idem, ibidem, p. 64).

Portanto, o superego deve sua força e sua posição destacada no ego ao fato de ter se originado dessa primeira identificação. E, ainda, ao fato de ser o legítimo herdeiro do complexo de Édipo.

Dessa maneira, a instalação do superego é fruto de uma bem-sucedida identificação da criança com seus pais; ou seja, representa a internalização da coerção que antes era exercida externamente por eles, quando o processo de diferenciação estava no início e quando, não possuindo conhecimento da diferença entre os sexos, a criança não estabelecia distinção entre o pai e a mãe.

"O superego parece ter feito uma escolha unilateral e ter ficado apenas com a rigidez e a severidade dos pais, com sua função proibidora e punitiva, ao passo que o cuidado carinhoso deles parece não ter sido assimilado e mantido" (Freud, 1933, v. XXII, p. 81).

Entretanto, não é apenas à identificação com os pais que o superego deve sua configuração. A essas primeiras identificações, assimilam-se aquelas estabelecidas com pessoas que, mais tarde, ocupam o lugar dos pais. Cabe observar, entretanto, que tais identificações posteriores dificilmente promovem alterações significativas nas primeiras, há muito enraizadas e responsáveis pela forma essencial do superego.

"No decurso do desenvolvimento, o superego também assimila as influências que tomaram o lugar dos pais — educadores, professores, pessoas escolhidas como modelos ideais. Normalmente, o superego se afasta mais e mais das figuras parentais originais; torna-se, digamos assim, mais impessoal. /.../ Realizam-se, pois, identificações também com esses pais dessa fase ulterior e, na verdade, regularmente fazem importantes contribuições à formação do caráter; nesse caso, porém, apenas atingem o ego, já não mais influenciam o superego que foi determinado pelas imagos parentais mais primitivas" (idem, ibidem, pp. 83-84).

Resultado da internalização do superego dos pais, e mesmo das leves influências daqueles que posteriormente ocupam seu lugar, o superego é responsável pela continuidade das tradições e pela manutenção das ideologias.

"Via de regra, os pais, e as autoridades análogas a eles, seguem os preceitos de seus próprios superegos ao educar as crianças. /.../ Esqueceram as dificuldades de sua própria infância e agora se sentem contentes em identificar-se eles próprios, inteiramente, com seus pais, que no passado impuseram sobre eles restrições tão severas. Assim, o superego de uma criança é, com efeito, construído segundo o modelo não de seus pais, mas do superego de seus pais; os conteúdos que ele encerra são os mesmos, e torna-se veículo da tradição e de todos os duradouros julgamentos de valores que dessa forma se transmitiram de geração em geração. /.../ A Humanidade nunca vive inteiramente no presente. O passado, a tradição da raça e do povo, vive nas ideologias do superego e só lentamente cede às influências do presente, no sentido de mudanças novas /.../" (idem, ibidem, pp. 86-87).

Entretanto, nem sempre é possível afirmar que a rigidez e a severidade do superego da criança corresponde exatamente ao superego de seus pais.

"Contrariando nossas expectativas, porém, a experiência mostra que o superego pode adquirir essas mesmas características de severidade inflexível, ainda que a criança tenha sido educada de forma branda e afetuosa, e se tenham evitado, na medida do possível, ameaças e punições" (Idem, ibidem, p. 81).

Isso porque, enquanto herdeira do complexo de Édipo, a configuração do superego também estará na estreita dependência do desenrolar desse conflito triangular; ou seja,

DA SEDUÇÃO NA RELAÇÃO PEDAGÓGICA

estará na estreita dependência de como as pulsões sensuais e as pulsões destrutivas foram equacionadas até se transformarem em identificações; do quanto o superego precisou se avolumar para consegui-lo.

Assim, a diferenciação do ego e do superego a partir do id é, no início, resultante das identificações primordiais, onde inexiste a catexia de objeto; depois, resulta de identificações que substituem as catexias objetais — abandonadas por uma ou outra razão —, reforçando regressivamente as primeiras identificações.

A dinâmica da relação dessas instâncias psíquicas entre si e a força que uma possa exercer em relação às outras dependem, portanto, de como as identificações se imprimiram no ego e no superego e de como, nesse jogo de forças, o ego consegue se posicionar em relação à realidade.

"Assim, o ego, pressionado pelo id, confinado pelo superego, repelido pela realidade, luta por exercer eficientemente sua incumbência econômica de instituir a harmonia entre as forças e as influências que atuam nele e sobre ele. /.../ Se o ego é obrigado a admitir sua fraqueza, ele irrompe em ansiedade — ansiedade realística referente ao mundo externo, ansiedade moral referente ao superego e ansiedade neurótica referente à força das paixões do id" (Idem, ibidem, pp. 99-100).

O processo pelo qual as identificações constituem o ego e o superego não se dá, todavia, em um nível que possa ser apreendido pela consciência. Se assim fosse, lembraríamos perfeitamente como, inicialmente, tomamos nossos pais e sua autoridade como modelo; como, em seguida, os investimos de catexias objetais, ou, então, como tentamos destruí-los; lembraríamos, também, os motivos pelos quais fomos obrigados a substituir essas paixões pelos sentimentos ternos de respeito e afeição, que intensificaram regressivamente a primeira de nossas identificações.

Essa primeira identificação, ternamente respeitosa e afetuosa, deriva, sobretudo, da primeira submissão à autoridade parental.

"/.../ a identificação deriva originalmente de um modelo de submissão aos pais. É também o mecanismo de toda autoridade implícita, como contrastante com a autoridade explícita. Qualquer que seja seu conteúdo explícito, a autoridade dos professores, amigos, líderes, depende do poder de comando implícito e sem doutrina que está inerente ao mecanismo de identificação" (Rieff, 1979, p. 171).

O respeito e a afeição provenientes dessa primeira identificação, na verdade, expressam o único sentimento que a criança pode ter pelos pais ante sua total dependência inicial: a submissão. Apenas posteriormente esse amor respeitoso e afetuoso cede lugar ao amor sensual, que também pode instalar-se a seu lado.

"A ternura e o respeito /.../ surgem de uma relação com a autoridade; devido ao fato de que estes sentimentos mais cívicos precedem a sensualidade, eles não podem constituir meramente suas sublimações" (Idem, ibidem, p. 170).

Se o amor respeitoso e afetuoso da criança expressa sua submissão à autoridade parental, o amor sensual, que se constitui a partir do primeiro, expressa sua posição diferenciada de tomá-los como objeto.

"É fácil enunciar em uma fórmula a distinção entre a identificação com o pai e a escolha deste como objeto. No

DA SEDUÇÃO NA RELAÇÃO PEDAGÓGICA

primeiro caso, o pai é o que gostaríamos de *ser*; no segundo, o que gostaríamos de *ter*, ou seja, a distinção depende de o laço se ligar ao sujeito ou ao objeto do ego" (Freud, 1921, v. XVIII, p. 134).

Dessa maneira, depois da identificação inicial, a criança toma os pais como objetos de amor sensual.

Todavia, na dissolução do complexo edípico, a sensualidade e a destrutividade — que o constituíram em um conflito triangular de polaridades antagônicas — novamente cedem lugar aos sentimentos ternos. O desejo dá lugar à afeição; a rivalidade dá lugar ao respeito, numa reedição regressiva da primeira identificação.

"/.../ um sentimento afetuoso, onde quer que o encontremos, constitui um sucessor de uma vinculação de objeto completamente 'sensual' com a pessoa em pauta ou, antes, com o protótipo (ou imago) dessa pessoa" (Idem, ibidem, p. 173).

O processo de identificação — no decurso do qual o ego e o superego se diferenciam do id — constitui-se em um ininterrupto ir-e-vir de sentimentos afetuosos e de sentimentos sensuais; ou seja, constitui-se em um ininterrupto ir-e-vir de pulsões diretamente sexuais e de pulsões inibidas em seus objetivos sexuais, que, além desse intercâmbio, podem mesclar-se umas às outras.

Na primeira identificação, encontramos sentimentos ternos de respeito e afeição; na segunda — decorrente do abandono das catexias objetais —, encontramos os mesmos sentimentos, agora intensificados regressivamente.

A fim de preservar a integridade do ego, não possuímos a mais remota lembrança da força implacável das paixões ocultas por detrás do respeito e da afeição decorrentes da submissão à autoridade de nossos pais.

"Por natureza' (isto é, originalmente), o amor é autoritário; a sexualidade — como a liberdade — é uma realização posterior, sempre em perigo de ser derrotada pelas nossas inclinações mais profundas em direção à submissão e à dominação" (Rieff, *op. cit.*, pp. 170-171).

Em função da diversidade, do antagonismo, da mutabilidade das paixões e dos conflitos que elas provocariam, o processo de identificação opera inconscientemente. Desse modo, ego e superego não são totalmente conscientes.

Ego e superego precisam também operar inconscientemente para suportar a pressão das demandas da realidade, a pressão das demandas mais remotas da identificação com a autoridade dos pais e a pressão das demandas pulsionais do id. Este, originariamente inconsciente, é alheio à realidade, à moral, à contradição; empenha-se, apenas, na luta pela descarga de suas pulsões e pelo princípio de prazer que o norteia.

Por isso, a maior parte de nosso psiquismo é inconsciente. As identificações, que contribuem para diferenciá-lo e constituí-lo, deixam no ego e no superego o precipitado daquilo que devemos esquecer e daquilo que podemos lembrar.

Além da identificação primordial pré-edipiana — constituída de sentimentos ternos de afeição e respeito — e da identificação regressiva, existe uma terceira. Trata-se da identificação que não implica investimento libidinal de objeto, que se instala a partir da percepção de características partilhadas com uma outra pessoa.

"/.../ primeiro, a identificação constitui a forma original de laço emocional com um objeto; segundo, de maneira regressiva, ela se torna sucedâneo para uma vinculação de

DA SEDUÇÃO NA RELAÇÃO PEDAGÓGICA

objeto libidinal, por assim dizer, por meio da introjeção do objeto no ego; e, terceiro, pode surgir com qualquer nova percepção de uma qualidade comum partilhada com alguma outra pessoa que não é objeto do instinto sexual" (Freud, 1921, v. XVIII, p. 136).

Baseada na partilha de traços comuns, a identificação parcial contribui para a criação dos vínculos de amizade, para a formação dos grupos e para o desenvolvimento dos sentimentos sociais.

Como não implica investimento sensual de objeto, e sim sentimentos ternos de afeto e respeito, essa forma de identificação baseia-se em pulsões sexuais inibidas em seus objetivos, o que possibilita que os laços grupais e amistosos se estabeleçam e se estreitem.

"Esses instintos sexuais inibidos em seus objetivos possuem uma grande vantagem funcional sobre os desinibidos. Desde que não são capazes de satisfação realmente completa, acham-se especialmente aptos a criar vínculos permanentes, ao passo que os instintos diretamente sexuais incorrem numa perda de energia sempre que se satisfazem e têm de esperar serem renovados por um novo acúmulo de libido sexual; assim, nesse meio tempo, o objeto pode ter-se alterado" (Idem, ibidem, p. 174).

Mas isso não significa que as relações ternas não possam se mesclar às sensuais; que as pulsões inibidas não possam se mesclar às desinibidas, como, por exemplo, na devoção e na amizade:

"/.../ mesmo um devoto afetuoso, mesmo um amigo ou um admirador, desejam a proximidade física e a visão da pessoa que é agora amada apenas no sentido 'paulino'" (Idem, ibidem, p. 174).

Como também, por exemplo, nas formações grupais:

"Mesmo na pessoa que, sob outros aspectos, se absorveu em um grupo, os impulsos diretamente sexuais conservam um pouco de sua atividade individual" (Idem, ibidem, p. 177).

Não significa, ainda, que as relações sensuais não possam se mesclar à ternura, em uma síntese entre pulsões desinibidas e pulsões inibidas.

"É o destino do amor sensual extinguir-se quando se satisfaz; para que possa durar, desde o início tem de estar mesclado a componentes puramente afetuosos — isto é, que se acham inibidos em seus objetivos — ou deve, ele próprio, sofrer uma transformação desse tipo" (Idem, ibidem, p. 146).

Não significa, por fim, que a relação terna de respeito e afeição não possa se transformar em uma relação sensual; ou, inversamente, que as relações sensuais não possam se transformar em relações ternas de amizade.

"É bem conhecido com que facilidade se desenvolvem desejos eróticos a partir de relações emocionais de caráter amistoso, baseadas na apreciação e na admiração /.../, entre professor e aluno, recitalista e ouvinte deliciada /.../. Por outro lado, também é muito comum aos impulsos diretamente sexuais de pequena duração em si mesmos transformarem-se em um laço permanente e puramente afetuoso /.../" (Idem, ibidem, pp. 174-175).

DA SEDUÇÃO NA RELAÇÃO PEDAGÓGICA

Mesmo que os sentimentos afetuosos possam se transformar em sentimentos sensuais e mesmo que os sentimentos sensuais possam se transformar em afeto — dada a facilidade de intercâmbio e articulação entre as pulsões inibidas e as pulsões desinibidas —, convém, entretanto, distinguir identificação de amor sensual.

A identificação tem, na sua infusão com a sensualidade, as bases dos vínculos duradouros de amizade e admiração que, favorecendo os laços grupais, contribuem para a formação dos sentimentos sociais. Isso não ocorre com o amor sensual que, embora necessite da síntese com a ternura para poder durar, é desfavorável às formações sociais.

"Duas pessoas que se reúnem com o intuito de satisfação sexual, na medida em que buscam a solidão, estão realizando uma demonstração contra o instinto gregário, o sentimento de grupo. Quanto mais enamoradas se encontram, mais completamente se bastam uma à outra. Sua rejeição à influência do grupo se expressa sob a forma de um sentimento de vergonha. Sentimentos de ciúme da mais extrema violência são convocados para proteger a escolha de um objeto sexual da usurpação por um laço grupal" (Idem, ibidem, p. 175-176).

Essa terceira modalidade de identificação, baseada na partilha de traços comuns entre as pessoas, envolve outro aspecto que se manifesta nas formações grupais.

Como se sabe, existem agrupamentos sociais formados em torno de um objetivo passageiro e que, por isso, se dissolvem após a concretização desse objetivo. Existem, também, agrupamentos sociais mais estáveis, solidificados em decorrência de objetivos mais duradouros. Esses últimos podem se formar em torno de um líder, em torno de uma idéia comum, ou, então, em torno de uma entidade invisível, que substitui o líder.

"Teremos de conceder atenção aos diferentes tipos de grupos, mais ou menos estáveis, que surgem espontaneamente, e estudar as condições de sua origem e dissolução. Teremos de nos interessar, acima de tudo, pela distinção existente entre os grupos que possuem um líder e os grupos sem líder. Teremos de considerar se os grupos com líderes talvez não sejam os mais primitivos e completos, se nos outros uma idéia, uma abstração, não pode tomar o lugar do líder /.../" (Idem, ibidem, p. 127).

Nessa terceira modalidade de identificação, é notável a diferença entre a natureza dos laços que ligam as pessoas do grupo entre si e a natureza dos laços que as ligam ao líder, ou à abstração que o substitui.

Aos traços ou interesses comuns, por meio dos quais as pessoas se identificam entre si em seus egos, acrescenta-se, na constituição desse sentimento social, mais um elemento.

No caso da abstração, além de se identificar em seus egos, ocorre também a ressonância entre seus superegos:

"Os sentimentos sociais repousam em identificações com outras pessoas, na base de possuírem o mesmo ideal do ego" (Freud, 1923, v. XIX, p. 52).

No caso do líder, além da mesma identificação entre egos, as pessoas do grupo põem o líder no lugar de seus superegos[3]:

"/.../ grupos que têm um líder e não puderam, mediante uma 'organização' demasiada, adquirir secundariamente as características de um indivíduo. *Um grupo primário desse tipo é um certo número de indivíduos que colocaram um só e mesmo objeto no lugar de seu ideal do ego e, conseqüentemente, se identificaram uns com os outros em seu ego"* (Freud, 1921, v. XVIII, p. 147).

Explicada a terceira modalidade de identificação, retomo, sinteticamente, o processo de identificação no seu conjunto.

A identificação primordial, constituída de sentimentos ternos de respeito e afeição; a identificação regressiva que, em decorrência do abandono de catexias objetais, superintensifica tais sentimentos ternos; e a identificação parcial, baseada na partilha de traços comuns entre egos e — no caso dos grupos formados em torno de uma abstração ou de um líder — na concomitante ressonância de superegos, fazem parte do processo em que ego e superego se diferenciam do id.

Em outras palavras, a diferenciação e a dinâmica do jogo de forças entre essas três instâncias psíquicas têm atrás de si as identificações pelas quais a personalidade psíquica — ou caráter — se constitui.

"A personalidade constitui-se e diferencia-se por uma série de identificações" (Laplanche & Pontalis, 1983, p. 295).

Desencadeado pela identificação com a autoridade parental, o processo — e as relações que nele se estabelecem — se imprime à personalidade, numa mescla de respeito, afeição, sensualidade e agressividade — resultantes do intercâmbio entre pulsões desinibidas e pulsões inibidas.

Protótipo de todas as demais relações, a relação original poderá se reeditar a cada nova relação, trazendo consigo os sentimentos diversos que a alimentam.

Nessa dinâmica, as relações subseqüentes de autoridade

atualizam a relação original. Quando a ela se fundem, quando a ela se somam ou quando a substituem, as novas relações de autoridades têm, como herança, a heterogeneidade dos sentimentos da primeira e os conflitos por eles provocados. Têm, portanto, como herança, a coexistência da ternura, da afeição, do respeito, da sensualidade e da agressividade.

"/.../ no decorrer da infância, as figuras de autoridade monopolizam nosso conjunto de interesses sexuais, o dilema de nossas vidas emocionais: nossa tendência em nos fixarmos na primeira relação de autoridade" (Rieff, 1979, p. 170).

(1) Cf. Freud, 1917, v. XIV, p. 281.
(2) Cf. Freud, 1933, v. XXII, pp. 75-102.
(3) Utilizo os termos superego e ideal do ego como sinônimos, no mesmo sentido que Freud lhes atribui em *O ego e o id*, onde — com as funções de interdição e de ideal — o superego aparece assim denominado pela primeira vez. Observem-se as seguintes passagens: "As considerações que nos levaram a presumir a existência de uma gradação no ego, uma diferenciação dentro dele, que pode ser chamada de 'ideal do ego' ou 'superego', foram enunciadas em outro lugar" (p. 42). "Esta modificação do ego retém sua posição especial; ela se confronta com os outros conteúdos do ego como um ideal do ego ou superego" (p. 49). "/.../ aqui temos essa natureza mais alta, neste ideal do ego ou superego, o representante de nossas relações com nosso pais" (p. 51). Na XXXI das *Novas Conferências Introdutórias Sobre Psicanálise*, o superego aparece como uma estrutura que engloba três funções: a auto-observação, a consciência

DA SEDUÇÃO NA RELAÇÃO PEDAGÓGICA

moral e a função de ideal. "É mais prudente, contudo, manter a instância como algo independente e supor que a consciência é mais uma de suas funções, e que a auto-observação, que é um preliminar essencial da atividade de julgar da consciência, é mais uma de tais funções" (p. 78). "Resta mencionar mais uma importante função que atribuímos a esse superego. É também o veículo do ideal do ego, pelo qual o ego se avalia, que o estimula e cuja exigência por perfeição sempre maior ele se esforça para cumprir" (p. 84). O fato de Freud ter assimilado ao superego funções que atribuía separadamente ao ideal do ego, nas importantes obras da primeira teoria do aparelho psíquico — *Sobre o narcisismo: uma introdução* e *Psicologia de grupo e a análise do ego* — nas quais, respectivamente, o 'ideal do ego' é designado como uma formação psíquica relativamente autônoma que é referência para o ego, e como uma formação psíquica nitidamente diferenciada que ocupa um plano central — não elimina, entretanto, a discussão existente sobre esses conceitos na Psicanálise. Atestam-no Laplanche e Pontalis, no *Vocabulário da Psicanálise*: "Em Freud, é difícil delimitar um sentido unívoco da expressão ideal do ego. As variações deste conceito provêm do fato de que ele está estreitamente ligado à elaboração progressiva da noção de superego e, mais geralmente, da segunda teoria do aparelho psíquico" (p. 289). "A literatura psicanalítica atesta que o termo 'superego' não esbateu o de ideal do ego. A maior parte dos autores não utiliza um ou outro indiferentemente" (p. 290). "Se tomarmos a noção de superego num sentido lato e pouco diferenciado, como acontece em *O Ego e o Id* — onde, recordemo-lo, o termo figura pela primeira vez — ela engloba as funções de interdição e de ideal. Se mantivermos, pelo me-

60

nos como subestrutura particular, o ideal do ego, então o superego surge principalmente como uma instância que encarna uma lei e proíbe a sua transgressão" (p. 644). Para a abordagem do tema, interessa entender os mecanismos pelos quais a identificação com a autoridade se vincula à sedução. Interessa, sobretudo, revelar as funções restritivas do superego em relação ao ego, que englobam a auto-observação, as interdições da consciência e a avaliação do ego a partir de um ideal. Por isso, utilizarei o conceito de superego no sentido que lhe é conferido por Freud em *O Ego e o Id* e *Novas Conferências* (XXXI).

CAPÍTULO III

Transferência

Para expor o importante e complexo conceito de transferência, organizei este capítulo em cinco partes. Na parte I, assinalo a relação do processo de identificação com o processo de transferência, bem como a relação da ambivalência emocional com a transferência. Na parte II, historio, brevemente, como o conceito se originou a partir de dificuldades que Freud encontrava no trabalho clínico. Nas partes III e IV, aprofundo o conceito, estabelecendo a relação da resistência e da compulsão à repetição com o processo psicológico a ele correspondente. Na parte V, retomo sinteticamente o processo transferencial e demonstro sua relação com o tema deste trabalho.

I

Imprimida à configuração da personalidade psíquica pelo processo de identificação, a relação original ressurge a cada nova relação, como um clichê reimpresso, com a mesma mescla dos sentimentos diversos que a constituíram[1].

"Deve-se compreender que cada indivíduo, através da

DA SEDUÇÃO NA RELAÇÃO PEDAGÓGICA

ação combinada de sua disposição inata e das influências sofridas durante os primeiros anos, conseguiu um método específico próprio de conduzir-se na vida erótica — isto é, nas pré-condições para enamorar-se que estabelece, nos instintos que satisfaz e nos objetivos que determina a si mesmo no decurso daquela. Isso produz o que se poderia descrever como um clichê estereotípico (ou diversos deles), constantemente repetido — constantemente reimpresso no decorrer da vida da pessoa, na medida em que as circunstâncias externas e a natureza dos objetos amorosos a ela acessíveis permitam /.../" (Freud, 1912, v. XII, pp. 133-134).

Dessa maneira, a relação original determina o modo como o sujeito inicia as novas relações. Ou seja, os protótipos de relação, ou imagos, vêm à cena a cada nova relação — fraternal, sensual, ou de autoridade —, reimprimindo-se como um clichê, que pode ser remodelado conforme as circunstâncias exteriores e a especificidade da relação permitam.

A relação de autoridade é uma das muitas em que pode ocorrer a reimpressão do clichê. Contudo, ela é fundamental para a problemática aqui analisada, porque, como vimos, a extrema carência, bem como o contato quase exclusivo que tem com os pais, ou com aqueles que os substituem, fazem com que a criança deposite neles toda sua ternura, toda sua sensualidade, toda sua agressividade, todo seu respeito e toda sua submissão.

Por canalizar a diversidade dos sentimentos humanos, a relação original de autoridade é o pólo em torno do qual se constituem todos os demais protótipos de relação, monopolizando, desse modo, o conjunto dos futuros interesses emocionais de ternura, sensualidade e agressividade.

Mas existem condições psicológicas específicas para que

os protótipos se atualizem. Tivesse o sujeito conseguido satisfazer a demanda das pulsões na relação original, não retornaria constantemente a ela. Retorna porque foi obrigado abrir mão da satisfação plena.

Explicitando. Pulsão é um conceito limítrofe entre o psíquico e o somático: a fonte da pulsão provém da necessidade corporal que, provocando tensão, envia sinais ao psiquismo e ali forma uma representação. Determinantes do curso da vida erótica do sujeito, as pulsões sexuais se organizam — no final de uma evolução aleatória e complexa — sob o primado da genitalidade, que culmina na puberdade. Ou seja, no início da vida psicossexual, a pulsão sexual é composta de uma série de pulsões parciais que buscam satisfação independentemente umas das outras. Depois de algum tempo, elas confluem para regiões mais estimuladas do corpo — as zonas erógenas. Organizam-se inicialmente na região oral, em seguida na região anal e, por fim, na região genital. Mas essa subordinação à genitalidade não retira a força das pulsões parciais; assim como se integram à região genital, podem também dela separar-se ou, então, a ela nunca se subordinarem. No desenvolvimento psicossexual tido como normal as pulsões se subordinam mais à genitalidade, sem, entretanto, apagarem seus rastros dos estágios psicossexuais anteriores.

Pois bem, representantes psíquicos de pulsões sexuais subordinadas à genitalidade e representantes psíquicos de pulsões inibidas em seus objetivos sexuais — ou sublimadas — são admitidos à consciência e, por isso, podem se expressar e se desenvolver. As demais pulsões parciais, não subordinadas a essa organização, são vetadas pela personalidade consciente; totalmente inconscientes, não podem se desenvolver, e quando se expressam o fazem apenas através de fantasias. Contudo, nem por isso deixam de fazer pressão para ascender à representação consciente, na direção da satisfação almejada. Conseguem-no atualizando o protótipo da relação original, representado na consciência como se fizesse parte da relação atual. A reedição, ou atualização, dependerá de que a pessoa em questão (amigo, amante, professor, chefe etc.) possa ser incluída em uma das séries psíquicas — clichês estereotípicos de relação — que o sujeito constituiu. Essa inclusão poderá seguir o modelo correspondente à imagem de pai, mãe, irmã, irmão. Portanto, a atualização prototípica se dá nas representações conscientes e nas representações inconscientes; aquilo que é vivido conscientemente, como atual, provém de pulsões parciais vetadas à consciência num estágio anterior da vida psicossexual.

A libido — expressão psíquica da pulsão sexual[2], parcialmente fixada em estágio anterior do desenvolvimento, agora retorna clamando pela satisfação adiada. De um lado, a existência dos complexos infantis recalcados fez com que a libido permanecesse ligada às imagens infantis; de outro, as pulsões parciais forçam sua passagem à consciência, reeditando o protótipo original. A adequação da pessoa à série psíquica já constituída só é possível porque, por natureza, os processos inconscientes desconhecem a lógica, a temporalidade e a realidade que norteiam os processos conscientes; é-lhes indiferente que a relação atual se dê em um outro contexto, com uma outra pessoa: interessa-lhes, apenas, promover a satisfação pulsional através da libido.

"Ora, nossas observações demonstram que somente uma parte daqueles impulsos que determinam o curso da vida erótica passou por todo o processo de desenvolvimento psíquico. Esta parte está dirigida para a realidade, acha-se à disposição da personalidade consciente e faz parte dela.

Outra parte dos impulsos libidinais foi retida no curso do desenvolvimento; mantiveram-na afastada da personalidade consciente e da realidade, e, ou, foi impedida de expansão ulterior, exceto na fantasia, ou permaneceu totalmente no inconsciente, de maneira que é desconhecida pela consciência da personalidade. Se a necessidade que alguém tem de amar não é inteiramente satisfeita pela realidade, ele está fadado a aproximar-se de cada nova pessoa que encontre com idéias libidinais antecipadas /.../" (idem, ibidem, p. 134).

É provável que não somente a libido retida no inconsciente seja responsável pelas "idéias libidinais antecipadas"; a demanda afetiva também provém do consciente. Desse modo, a libido disponível na consciência — sempre pronta a catexizar novos objetos — pode também contribuir para essa disposição prévia ao enamoramento.

"/.../ é bastante provável que ambas as partes de sua libido, tanto a parte que é capaz de tornar-se consciente quanto a inconsciente, tenham sua cota na formação dessa atitude" (idem, ibidem, p. 134).

Em função das demandas pulsionais não concretizadas, todos têm, em maior ou menor grau, suas carências afetivas. Por essa razão, a tentativa de resgatar a satisfação adiada, através da reimpressão do protótipo na relação atual, é um fenômeno que ocorre em qualquer tipo de relação humana. Necessariamente vinculado à configuração da estrutura libidinal, o fenômeno é responsável pela maneira particular de cada um se colocar nas novas relações; pela maneira de cada um enfrentar a realidade.

Freud denominou de transferência esse processo psicológico que atualiza o protótipo da relação original. Trata-se, efetivamente, de transferir para a nova relação os sentimentos e as expectativas depositados em uma relação passada.

"Trata-se aqui de uma repetição de protótipos infantis vivida com uma sensação de atualidade acentuada" (Laplanche & Pontalis, *op. cit.* p. 669).

A atualização transferencial do protótipo — e dos sentimentos a ele vinculados — pode sofrer a influência das condições atuais, de modo que a nova relação não se estabelece exatamente como a relação original. Contudo, sejam quais forem as novas combinações — substituição da antiga relação pela nova, fusão de uma à outra, ou, mesmo, superposição —, a relação terá como ponto de partida a relação original.

Da mescla de sentimentos ternos de respeito e afeição, de sentimentos eróticos e de sentimentos destrutivos, resulta que as relações humanas se constituem predominantemente de catexias eróticas e de catexias hostis.

"Uma catexia sádica de um objeto também pode legitimamente reivindicar tratamento como uma catexia libidinal /.../" (Freud, 1926, v. XX, p. 148).

Sentimentos ternos e sentimentos sensuais coexistem com sentimentos hostis. A coexistência dessas polaridades antagônicas determina uma estrutura libidinal ambivalente.

"A ambivalência /.../ caracteriza certas fases da evolução libidinal em que coexistem amor e destruição do objeto /.../ (Laplanche & Pontalis, *op. cit.*, pp. 49-50).[3]

O fenômeno da ambivalência — consolidado no conflito edipiano — caracteriza-se pela coexistência de um investimento hostil e de um investimento libidinal amoroso dirigidos para a mesma pessoa: sentimentos de amor e ódio participam conjuntamente da constituição do sujeito e dos objetos. Permanecessem no inconsciente, tais sentimentos coabitariam pacificamente. Quando, entretanto, forçam sua passagem à consciência, trava-se entre eles um conflito.

"Aqui, então, temos um conflito devido à ambivalência: um amor bem fundamentado e um ódio não menos justificável dirigidos para a mesmíssima pessoa" (Freud, 1926, v. XX, p. 124).

O investimento afetivo ambivalente — no objeto da relação original — é transferido para a relação atual com o mesmo antagonismo.

"/.../ é a relação do indivíduo com as figuras parentais que é revivida na transferência, designadamente com a ambivalência pulsional que a caracteriza /.../" (Laplanche & Pontalis, *op. cit.*, p. 672).

Ao lado da transferência positiva — de sentimentos afetuosos e de sentimentos eróticos — opera a transferência negativa — de sentimentos hostis — dirigidas, ao mesmo tempo, para a mesma pessoa.

O grau de ambivalência da estrutura libidinal depende da força dos sentimentos antagônicos a ela vinculados, determinando a intensidade da transferência positiva e a intensidade da transferência negativa, a predominância de uma sobre a outra e, mesmo, o equilíbrio entre elas. Desse modo, a ambivalência varia de pessoa para pessoa, em fun-

DA SEDUÇÃO NA RELAÇÃO PEDAGÓGICA

ção das diferentes histórias de constituição da personalidade psíquica.

II

"Que são transferências? São novas edições, ou fac-símiles dos impulsos e fantasias que são criados e se tornam conscientes durante o andamento da análise; possuem, entretanto, esta particularidade, que é característica de sua espécie: substituem uma figura anterior pela figura do médico. Em outras palavras: é renovada toda uma série de experiências psicológicas, não como pertencentes ao passado, mas aplicadas à pessoa do médico no momento presente" (Freud, 1905, v. VII, p. 113).

Freud detectou o fenômeno psicológico da transferência a partir das dificuldades que encontrava para curar pacientes neuróticos.

Percebia que tais pacientes apresentavam uma especial disposição psicológica para a sugestão, ou seja, para que o médico[4] exercesse influência mental sobre eles.

"Não constitui uma máxima moderna, mas sim um antigo axioma dos médicos que essas doenças não são curadas pelo medicamento porém pelo médico; isto é, pela personalidade do médico, visto que, através dela, exerce uma influência mental" (Freud, 1905, v. VII, p. 269).

Por isso mesmo, o processo psicoterápico pode se instalar, queira o médico ou não.

"/.../ nós, médicos, não podemos abandonar a psicoterapia, pelo menos porque outra pessoa intimamente interessada no processo de recuperação — o paciente — não tem nenhuma intenção de abandoná-la. /.../ Um fator dependente da disposição psíquica do paciente contribui, sem qualquer intenção de nossa parte, para o efeito de todo processo terapêutico iniciado por um médico /.../" (idem, ibidem, p. 268).

Como, em decorrência dessa "disposição psíquica do paciente", os médicos praticam invariavelmente a psicoterapia, Freud sugeria que o fizessem adequadamente.

"Todos os médicos, portanto, inclusive vós, vêm continuamente praticando a psicoterapia, mesmo quando não tendes nenhuma intenção de fazê-lo e disso não estais cônscios; é uma desvantagem, contudo, deixar o fator mental em vosso tratamento tão inteiramente nas mãos do paciente. /.../ Não é então um esforço justificável por parte do médico procurar obter o domínio desse fator, utilizá-lo, orientá-lo e fortalecê-lo? Isto e nada mais que isto é o que propõe a psicoterapia" (idem, ibidem, pp. 268-269).

O trato adequado da "disposição psíquica do paciente" é importante porque amplia o âmbito do tratamento em direção à cura.

"Existem muitos meios e modos de praticar a psicoterapia. Todos os que levam à recuperação são válidos. Nossa costumeira palavra de conforto, que dispensamos tão liberalmente aos nossos pacientes — 'Você logo estará bem novamente' —, corresponde a um desses métodos psicoterapêuticos; porém agora que temos uma compreensão interna (insight) mais profunda das neuroses, não somos mais obrigados a nos limitarmos à palavra de conforto" (idem, ibidem, p. 269).

DA SEDUÇÃO NA RELAÇÃO PEDAGÓGICA

Lidar adequadamente com a "disposição psíquica do paciente" também é importante porque se, por um lado, ela auxilia o tratamento, por outro pode obstaculizar a cura.

"/.../ com a maior freqüência o método é favorável à recuperação, porém amiúde age como uma inibição. Aprendemos a empregar o termo 'sugestão' para essa manifestação /.../" (idem, ibidem, p. 268).

Por causa dessa possibilidade de inibição, não bastava que a terapia psicanalítica se baseasse na sugestão, oferecendo palavras de conforto aos pacientes, removendo temporariamente os sintomas neuróticos.

"Desisti da técnica sugestiva e, com ela, da hipnose, logo no início da minha clínica, porque me desesperancei de tornar a sugestão bastante poderosa e duradoura para efetuar curas permanentes. Em todo caso grave verifiquei que as sugestões que haviam sido aplicadas se desmoronaram, e depois disso a doença ou algum substituto dela voltava mais uma vez" (Idem, ibidem, p. 271).

Para propiciar transformações psíquicas duradouras, era preciso que a Psicanálise fosse além da sugestão, compreendendo as forças mentais a ela subjacentes.

"Além de tudo isso, tenho outro reparo a fazer contra esse método, a saber, que ele oculta de todos nós a compreensão interna (*insight*) do jogo das forças mentais, não nos permitindo, por exemplo, reconhecer a *resistência* com que o paciente se apega a sua doença chegando assim a lutar até contra a sua própria recuperação /.../" (Idem, ibidem, p. 271).

A terapia psicanalítica não poderia contar apenas com as forças psíquicas do paciente que o predispunham a cooperar com o tratamento; ou seja, não poderia apenas contar com sua disposição psicológica à sugestão. Teria também que considerar as forças mentais contrárias ao tratamento: as resistências.

Quando cooperava, o paciente atualizava sentimentos positivos, transferindo para o médico a confiança afetuosa e as expectativas da relação passada; quando não cooperava, atualizava sentimentos hostis provenientes da mesma fonte.

"Se os impulsos cruéis e estímulos de vingança, que já foram utilizados na vida comum do paciente para conservar seus sintomas, são transferidos para o médico durante o tratamento, antes que este tenha tempo para livrar-se deles, remontando-os às suas origens, não será de admirar se o estado do paciente se mostrar insensível a seus métodos terapêuticos" (Freud, 1905, v. VII, p. 117).

No processo transferencial, o paciente utilizava a pessoa do médico para atualizar seus protótipos de relação. Desse modo, não se relacionava com o médico — na afeição ou na hostilidade — e sim com seus fantasmas. Era preciso ir além da sugestão, entender os mecanismos da transferência para contê-la, a fim de que o paciente se libertasse de seus fantasmas.

"A transferência, que parece predestinada a agir como maior obstáculo à psicanálise, torna-se seu mais poderoso aliado, se sua presença puder ser detectada a cada vez, e explicada ao paciente" (Idem, ibidem, p. 114).

DA SEDUÇÃO NA RELAÇÃO PEDAGÓGICA

Emancipando-se gradativamente da transferência na relação com o médico, o paciente não apenas ressignificava os sintomas neuróticos, que impediam uma relação realística com as pessoas. Adquiria, também, uma configuração psíquica diferenciada, que lhe possibilitava não depender do médico para manter sua sanidade: liberto da repetição mecânica dos modos de relação infantil, poderia construir sua história atual.

"É fato que as neuroses podem ser curadas em instituições onde não existe tratamento psicanalítico, que a histeria pode ser curada não pelo método, mas pelo médico, e que há geralmente uma espécie de dependência cega entre um paciente e o médico que destruiu seus sintomas por sugestão hipnótica; mas a explicação científica para todos esses fatos pode ser encontrada na existência de 'transferências' como são dirigidas pelos pacientes sobre seus médicos" (Idem, ibidem, p. 114).

Portanto, as dificuldades que Freud encontrava em sua prática clínica não consistiam apenas em detectar e compreender a dinâmica psíquica do paciente, que o predispunha à sugestão transferencial. Se, por um lado, os sentimentos transferenciais não decorriam daquele contexto, por outro, eram a única base possível para a relação de ambos[5].

"Se examinarmos a teoria da técnica analítica, tornar-se-á evidente que a transferência é uma necessidade inevitável" (Idem, ibidem, p. 113).

Suas dificuldades consistiam, ainda, em aceitar o lugar afetivo que o paciente lhe destinava. Ou seja, consistiam em aceitar a transferência porque somente assim poderia contê-la, para ajudar o paciente a desvendar o seu sentido oculto. Era preciso permitir que a transferência emergisse para que pudesse ser dissolvida ao longo do tratamento.

"Não obstante, a transferência não pode ser evitada, já que podemos usá-la para estabelecer todos os obstáculos que tornam inacessível o material para o tratamento, e já que é somente depois de analisada a transferência que o paciente atinge um sentido de convicção da validade das ligações estabelecidas durante a análise" (Idem, ibidem, p. 113).

Desvendado o sentido oculto da transferência, o paciente poderia redimensionar os sentimentos a ela vinculados. Ressignificados, esses sentimentos não mais obstacularizariam a cura; seja porque não mais operariam como resistência ao doloroso acesso à verdade interna, seja porque ele dependeria cada vez menos do analista. A cura deveria culminar na dissolução da transferência.

III

A técnica sugestiva foi abandonada por Freud não apenas porque gerava dependência, mesmo quando o paciente cooperava com o tratamento, mas também porque ela não permitia o controle das resistências que impediam o paciente de cooperar.

Como explicar, entretanto, que a "disposição psíquica do paciente" à sugestionabilidade ora o induzisse a cooperar e ora o induzisse a resistir ao tratamento?

"A ambivalência nas tendências emocionais dos neuró-

DA SEDUÇÃO NA RELAÇÃO PEDAGÓGICA

ticos é a melhor explicação para sua habilidade em colocar as transferências a serviço da resistência" (Freud, 1912, v. XII, p. 142).

A atualização concomitante de catexias libidinais positivas e negativas age como fonte geradora de resistência. Representantes pulsionais vetados à consciência formam no inconsciente um primeiro núcleo que funciona como pólo de atração de futuras representações indesejáveis; além disso, a frustração da satisfação também gera forças que pressionam a libido para dentro, provocando sua introversão. Assim, as forças de atração do inconsciente e da introversão funcionam como 'resistência' ao trabalho analítico.

"No ponto em que as investigações da análise deparam com a libido retirada em seu esconderijo, está fadado a irromper um combate; todas as forças que fizerem a libido regredir erguer-se-ão como 'resistências' ao trabalho da análise /.../" (idem, ibidem, p. 137).

A ambivalência dos sentimentos vinculados aos protótipos da relação original é transferida para a relação com o médico.

"Ocupamo-nos do *mecanismo* da transferência, é verdade, quando o remontamos ao estado de prontidão da libido, que conservou imagos infantis /.../" (idem, ibidem, p. 139).

O paciente pode ressignificar esses protótipos apenas na medida em que — pela mediação do médico — possa reconhecê-los e compreendê-los; ou seja, são remodelados na medida em que as representações recalcadas ascendam à consciência.

Portanto, o controle da transferência consiste na mediação do analista para ajudar o paciente a encontrar o nexo dos sentimentos ambivalentes em conflito, expressos transferencialmente. Essa não é uma tarefa fácil.

Em primeiro lugar, porque a atualização transferencial mascara o sentido do conflito psicológico a ela subjacente. Caso não esteja suficientemente atento, o analista não percebe que os sentimentos depositados nele pelo paciente pertencem a uma outra relação. Freud o exemplifica no pósescrito do caso Dora.

"Não me foi possível dominar a transferência a tempo. Devido à rapidez com que Dora colocou à minha disposição uma parte do material patogênico durante o tratamento, descuidei-me da precaução de procurar os primeiros sinais de transferência /.../. Desse modo, a transferência apanhoume desprevenido, e, devido ao que havia de desconhecido em mim que a fazia lembrar-se de Herr K., ela vingou-se em mim como desejava vingar-se dele, abandonando-me do mesmo modo como se sentira abandonada e enganada por ele" (Freud, 1905, v. VII, pp. 115-116).

Em segundo lugar, porque os sentimentos vinculados ao protótipo podem ser revividos com tanta intensidade, que impedem o paciente de reconhecer sua real origem. É o que ocorre na transferência de sentimentos hostis da paranóia.

"Onde a capacidade de transferência tornou-se essencialmente limitada a uma transferência negativa, como é o caso dos paranóicos, deixa de haver qualquer possibilidade de influência ou cura" (Freud, 1912, v. XII, p. 142).

DA SEDUÇÃO NA RELAÇÃO PEDAGÓGICA

Por essas razões, a transferência é, por um lado, a grande aliada da psicanálise e, por outro, seu maior obstáculo. Aliada porque evoca conflitos há muito adormecidos, possibilitando sua reelaboração; obstáculo porque, ao mesmo tempo, mostra e esconde o conflito, atuando como resistência: o passado é revivido como se fosse presente.

"A resistência acompanha o tratamento passo a passo. Cada associação isolada, cada ato da pessoa em tratamento tem de levar em conta a resistência e representa uma conciliação entre as forças que estão lutando no sentido do restabelecimento e as que se lhe opõe /.../" (Idem, ibidem, p. 138).

Desse modo, o domínio da transferência implica, necessariamente, o controle da resistência.

"Assim, a transferência, no tratamento analítico, invariavelmente nos aparece, desde o início, como a arma mais forte da resistência, e podemos concluir que a intensidade e persistência da transferência constituem efeito e expressão da resistência" (Idem, ibidem, p. 139).

Não sofresse do insuportável conflito gerado pela luta entre as forças que o estimulam a modificar seu modo de relação com a realidade e as forças opostas, o paciente não procuraria a clínica psicanalítica. Mas a ambivalência de sentimentos — própria da estrutura libidinal dos seres humanos — se expressa nos neuróticos com tamanha intensidade, que os obriga a produzir sintomas.

Assim, o neurótico vem à clínica porque as poderosas resistências — de que se vale no dia-a-dia — impedem o acesso à sua verdade interna.

"Os impulsos inconscientes não desejam ser recordados da maneira pela qual o tratamento quer que o sejam, mas esforçam-se por reproduzir-se de acordo com a atemporalidade do inconsciente e sua capacidade de alucinação. Tal como acontece nos sonhos, o paciente encara os produtos do despertar de seus impulsos inconscientes como contemporâneos e reais; procura colocar suas paixões em ação sem levar em conta a situação real" (Idem, ibidem, p. 143).

Trazendo para o contexto analítico as resistências, o paciente reproduz seu modo habitual de relação.

"/.../ contudo, é essa manifestação de resistência que torna possível compreender o comportamento dele na vida cotidiana" (Freud, 1905, v. VII, p. 271).

Mas nem a transferência, nem a resistência que a acompanha são criações do espaço analítico.

"O tratamento psicanalítico não *cria* transferências, mas simplesmente as revela, como tantos outros fatores psíquicos ocultos" (Idem, ibidem, p. 114).

A diferença essencial entre as relações que o paciente trava cotidianamente e a relação que trava com o analista está em que a última objetiva emancipá-lo gradativamente da repetição dos protótipos.

"O médico tenta compeli-lo a ajustar esses impulsos emocionais ao nexo do tratamento e da história de sua vida, a submetê-los à consideração intelectual e a compreendê-los à luz de seu valor psíquico" (Freud, 1912, v. XII, p. 143).

DA SEDUÇÃO NA RELAÇÃO PEDAGÓGICA

Lutando pela posse de sentido, a relação analítica acirra ainda mais o conflito entre os afetos ambivalentes que as resistências do paciente procuram ocultar.

"/.../ quando nos aproximamos de um complexo patogênico, a parte desse complexo capaz de transferência é empurrada em primeiro lugar para a consciência e defendida com a maior obstinação" (idem, ibidem, p. 138).

Ao controlar as resistências, pela contenção da transferência, a relação analítica cria as condições para que o paciente reconheça e redimensione seus afetos e, desse modo, liberte-se da necessidade de repetir os protótipos da relação original nas relações atuais.

IV

O processo transferencial apresenta uma dupla face: transferência de afetos provenientes de relações passadas e resistência ao fim dessa repetição de protótipos.

Existem, entretanto, condições psicológicas específicas para que a transferência atue como resistência. Por causa da ambivalência emocional, o paciente atualiza tanto sentimentos positivos de afeição e sensualidade, como sentimentos negativos de hostilidade. Disso resultam dois tipos de transferência: uma positiva e outra negativa.

"Percebemos, afinal, que não podemos compreender o emprego da transferência como resistência enquanto pensarmos simplesmente em 'transferência'. Temos de nos resolver a distinguir uma transferência 'positiva' de uma 'negativa', a transferência de sentimentos afetuosos da dos hostis, e tratar separadamente os dois tipos de transferência para o médico. A transferência positiva é ainda divisível em transferência de sentimentos amistosos ou afetuosos, que são admissíveis à consciência, e transferência de prolongamentos desses sentimentos no inconsciente. Com referência aos últimos, a análise demonstra que invariavelmente remontam a fontes eróticas" (idem, ibidem, p. 140).

Essa complexa estruturação da vida pulsional revela o desenvolvimento da personalidade psíquica do sujeito.

Assim, na primeira relação emocional, identificou-se com seus pais pela troca de sentimentos ternos de respeito e afeição. Quando seu ego começou a se diferenciar do id, deslocou os pais para o mundo exterior, tomando-os como objetos de amor sensual e/ou de destruição, dirigindo-lhes catexias objetais libidinosas e catexias objetais destrutivas, fundadas, respectivamente, em pulsões desinibidas e em pulsões destrutivas.

Esse processo de diferenciação psíquica atingiu seu apogeu no conflito edipiano, decorrente da impossibilidade real e exterior de ter ou de destruir o objeto, e da interdição proveniente do superego — representante da autoridade parental internalizada. O sujeito compensou-se da perda, identificando-se regressivamente com o objeto. Desse modo, apaziguou temporariamente três forças inconciliáveis: as demandas pulsionais do id, a pressão da realidade sobre o ego e a proibição do superego à satisfação.

Ao identificar-se regressivamente com o objeto — assimilando suas características —, o ego contentou o id, porque ofereceu-se a ele como objeto, obedeceu ao superego e atendeu à realidade. Contudo, a trégua entre essas forças apenas abrandou a intensidade das paixões edipianas. Sempre ativas, reeditam os protótipos originais nas relações, buscando a satisfação adiada.

DA SEDUÇÃO NA RELAÇÃO PEDAGÓGICA

Desse modo, o drama transferencial que o paciente vive na análise remonta aos conflitos que precisou esquecer. Para ele seria demasiadamente penoso admitir conscientemente que um dia desejou e odiou seus pais — e que, portanto, ainda os deseja e os odeia. Por isso, resiste à recordação transferindo essas paixões para o analista.

A transferência opera como resistência à análise quando reedita intensos sentimentos sensuais e/ou intensos sentimentos destrutivos. Favorece o curso da análise quando reedita sentimentos brandos de ternura, amizade e respeito, admissíveis à consciência.

"Assim, a solução do enigma é que a transferência para o médico é apropriada para a resistência ao tratamento apenas na medida em que se tratar de transferência negativa ou de transferência positiva de impulsos eróticos reprimidos" (Idem, ibidem, p. 140).

Essa dupla face da transferência implica não somente o controle da resistência decorrente dos sentimentos eróticos, como também o controle da resistência decorrente dos sentimentos hostis. Ou seja, para controlar a resistência é preciso circunscrevê-la ao campo transferencial.

É preciso ressaltar um outro aspecto desse processo. Quando transfere para o analista os afetos da relação original, o paciente repete fragmentos de seu passado esquecido. A repetição também não é exclusividade da análise; manifesta-se nos outros contextos da vida do paciente.

Essa repetição compulsiva substitui, na esfera da ação motora, aquilo que deveria ser reproduzido na esfera psíquica. O paciente repete seu passado, em vez de recordá-lo.

"/.../ o paciente não *recorda* coisa alguma do que esqueceu e reprimiu, mas expressa-o pela atuação ou atua-o *(acts it out)*. Ele o reproduz não como lembrança, mas como ação; *repete-o*, sem, naturalmente, saber que o está repetindo" (Freud, 1914, v. XII, p. 196).

A repetição apresenta uma lógica paradoxal.

Por um lado, o paciente repete seu passado por não poder recordá-lo. Repete-o seguindo os desígnios da resistência que se lhe interpõe à lembrança.

"Quanto maior a resistência, mais extensivamente a atuação *(acting out)* (repetição) substituirá o recordar /.../" (Idem, ibidem, p. 197).

Por outro lado, a repetição é o único indício que o paciente tem de seu passado esquecido. É por meio dela que pode encontrar o fio condutor da recordação.

"Enquanto o paciente se acha em tratamento, não pode fugir a esta compulsão à repetição; e, no final, compreendemos que esta é a sua maneira de recordar" (Idem, ibidem, p. 197).

Portanto, a repetição que serve à resistência serve também à recordação, quando controlada adequadamente.

"Todavia, o instrumento principal para reprimir a compulsão do paciente à repetição e transformá-la num motivo para recordar reside no manejo da transferência. Tornamos a compulsão inócua, e na verdade útil, concedendo-lhe o direito de afirmar-se num campo definido" (idem, ibidem, p. 201).

Para isso, o analista deve entregar-se à experiência transferencial.

DA SEDUÇÃO NA RELAÇÃO PEDAGÓGICA

"/.../ devemos tratar sua doença não como um aconte-
cimento do passado, mas como uma força atual. Este estado
de enfermidade é colocado, fragmento por fragmento, dentro do campo de alcance do tratamento e, enquanto o paciente o experimenta como algo real e contemporâneo, temos de fazer sobre ele nosso trabalho terapêutico, que consiste, em grande parte, em remontá-lo ao passado" (idem,
ibidem, p. 198).
A recondução dos protótipos ao passado implica um trabalho árduo, em que progressivamente o paciente substitui
a repetição pela recordação.

"A partir das reações repetitivas exibidas na transferência,
somos levados ao longo dos caminhos familiares até o despertar das lembranças, que aparecem sem dificuldade, por
assim dizer, após a resistência ter sido superada" (Idem,
ibidem, p. 201).

O controle da transferência, que abre caminho à recordação, implica vários passos. Inicialmente, o analista aponta
para o paciente as resistências que ele desconhece e, por
isso mesmo, submetem-no à repetição. Em seguida, espera
que o paciente se familiarize com as resistências e, aos poucos, elabore-as. Ao elaborá-las, o paciente reconhece na repetição fragmentos de seu passado, que vão sendo re-liga-
dos pela mediação interpretativa do analista.
A recordação que o paciente resgata na análise asseme-
lha-se a um grande quebra-cabeças — lembranças fragmen-
tárias e espaços vazios — que vão sendo recompostos pela
interpretação do analista. Até que após um custoso processo
de elaboração, o paciente se aproprie do sentido de sua
vida psíquica.
Pela posse do sentido, o paciente se liberta progressiva-

mente da compulsão à repetição, não apenas na relação com o analista, mas também nas demais relações sociais. Nesse processo de emancipação emocional, precisará cada vez menos do analista; devolvendo seus protótipos ao passado, buscará satisfação nas relações atuais. A relação analítica se desfará: no lugar do paciente surgirá o sujeito dos processos psíquicos.

"A transferência cria, assim, uma região intermediária entre a doença e a vida real, através da qual a transição de uma para a outra é efetuada" (Idem, ibidem, p. 201).

V

Conforme assinalei, a busca da satisfação adiada — pela atualização transferencial do protótipo — pode ocorrer em qualquer tipo de relação humana, já que as demandas pulsionais nunca são totalmente satisfeitas.

A ambivalência pulsional — originada no processo de identificação — imprimiu-se à personalidade do sujeito, acompanhado-o como um *a priori* afetivo sempre revivido. A intensidade e a natureza desses afetos determinam se a transferência favorecerá ou obstacularizará os objetivos da nova relação.

Favorecerá a concretização desses objetivos, quando se tratar da transferência de sentimentos ternos. Como exemplos dessa predisposição para a sugestão, tomemos o paciente prontamente disposto a cooperar com o tratamento analítico, ou o aluno prontamente disposto a cooperar com o professor.

Dificultará a concretização desses objetivos quando se tratar da transferência de intensos sentimentos eróticos e/ou da transferência de intensos sentimentos hostis. Tais

DA SEDUÇÃO NA RELAÇÃO PEDAGÓGICA

sentimentos serão vivenciados como decorrentes da relação atual: o paciente estará predisposto a não cooperar com o analista; a aluno estará predisposto a não cooperar com o professor.

A transferência foi inicialmente detectada e compreendida na relação analítica. Por isso abordei detalhadamente as implicações psicossexuais, teóricas e técnicas do processo.

"Foi o encontro das manifestações da transferência em psicanálise /.../ que permitiu reconhecer noutras situações a ação da transferência, quer esta se encontre na própria base da relação em causa (hipnose, sugestão), quer nela desempenhe, dentro de limites a apreciar, um papel importante (médico-doente, mas também professor-aluno, diretor de consciência-penitente etc.)" (Laplanche & Pontalis, *op. cit.*, p. 670).

Mas existe uma diferença essencial no tratamento a ela dispensado na Psicanálise e o tratamento a ela dispensado nas outras relações.

"Sem dúvida, todo laço social supõe a transferência e o amor e a identificação /.../ Enquanto toda a sociedade se serve de elementos próprios à transferência para subsistir e redobrar sua coerência, a situação analítica visa a ruptura do laço da transferência /.../" (Roustang, *op. cit.*, p. 48).

Se a relação analítica é esclarecedora para a compreensão da transferência nas relações sociais em geral, ela é particularmente esclarecedora para a compreensão da transferência nas relações de autoridade.

Como vimos, o protótipo da relação de autoridade remonta à relação original, pela completa indefensabilidade da criança. Dependendo exclusivamente do adulto para sobreviver, a criança elege-o como figura de autoridade.

A relação analítica remete à relação original de autoridade porque se dá em um contexto privilegiadamente similar. Em uma situação de extrema carência afetiva, submetido à incessante repetição de protótipos, o analisando vê no analista aquele que poderá provê-lo emocionalmente e libertá-lo da dor. Dessa maneira, deposita no analista todos os afetos ternos e esperanças, toda sensualidade e toda hostilidade, revivendo transferencialmente a relação original.

A relação pedagógica também se desenvolve em um contexto bastante similar ao da relação original. A sociedade e a instituição educacional outorgam autoridade formal ao professor, independentemente de sua competência real para ensinar; do mesmo modo, confere-se aos pais autoridade para educar seus filhos. Supõe-se que existe uma grande distância entre o conhecimento do professor e o conhecimento do aluno que, constituído em meio a tais representações psicossociais, deposita no professor a esperança de superar essa assimetria. Ao vislumbrar no professor aquele que poderá provê-lo de conhecimento, o aluno elege-o como autoridade; ao ensinar, o professor exerce a autoridade que o aluno lhe atribui. Estabelecem-se, assim, as condições transferenciais para que a relação pedagógica remeta à relação original.

Mesmo no caso de um professor cuja autoridade pedagógica formal coincide com a autoridade pedagógica real, não é sempre que a transferência favorece a concretização dos objetivos da relação. O aluno pode reeditar sentimentos hostis que o impedem de reconhecer a autoridade do professor para ensinar.

A curiosidade intelectual — fruto da sublimação de intensas demandas pulsionais eróticas e destrutivas — é mais um dos elementos constitutivos da personalidade psíquica do sujeito, aqui aluno. Ou seja, configurou-se no mesmo percurso das pulsões represadas durante o conflito edipiano.

Detenhamo-nos neste ponto: a curiosidade da criança — mais ou menos entre três e cinco anos de idade — que pergunta sobre tudo é, antes de mais nada, uma curiosidade sexual. Deriva de sua percepção da diferença anatômica entre os sexos, fonte de todas as perguntas referentes à relação sexual entre seus pais e à sua própria origem. As teorias sexuais que consegue construir como resposta espelham-se naquilo que pode observar em si, nos pais, nas outras crianças e nos animais. Como a constituição sexual anatômica infantil ainda não desenvolveu os dois elementos essenciais à reprodução — esperma e orifício sexual feminino —, a criança curiosa fica sem o nexo que desvendaria o enigma de sua existência e atribuiria realidade às suas teorias sexuais. Esse enigma fundamental determina toda a sua curiosidade, bem como as suas investigações futuras.

Entretanto, a curiosidade sexual da criança não se expressa abertamente; ao contrário, ela pergunta sobre o dia, sobre a noite, sobre a chuva, sobre uma infinidade de coisas que aparentemente nada têm de sexual, buscando, dessa forma, desvendar o enigma de sua origem. Por que não o faz de maneira direta? Porque no apogeu do conflito edipiano, ao se defrontar com os intensos sentimentos eróticos e hostis que dispensa aos pais, precisa recalcá-los para atender às exigências do superego e às exigências da realidade. Todas as demais questões referentes à sua sexualidade, passam pelo mesmo processo de recalcamento. Contudo, as demandas pulsionais do id continuam a clamar por satisfação; em função do recalque, mostram-se à consciência de maneira disfarçada.

Sem poder ter ou destruir os pais, a criança superintensifica regressivamente a identificação primordial com eles, definindo-se como homem ou como mulher a partir das escolhas que faz nesse momento e das diferenças de papéis que observa entre um e outro, atribuídas às características anatômicas. Define seu lugar no mundo — antes de tudo um lugar sexual — envolta na névoa da curiosidade intelectual: o desejo de saber.

No intercâmbio pulsional, as pulsões sexuais e a pulsão destrutiva fundamental estão combinadas e sublimadas na pulsão do saber. Assim, o gosto da criança pela investigação, ou seja, sua relação com o conhecimento, fica marcada pelos caminhos e descaminhos do complexo de Édipo. Isso determina a natureza de suas futuras atividades quanto ao desejo de querer ou não saber.

"Segue-se, portanto, que os esforços do investigador infantil são habitualmente infrutíferos e terminam com uma renúncia que não raro deixa atrás de si um dano permanente ao instinto do saber" (Freud, 1905, v. VII, p. 202).

Como a curiosidade intelectual[6] — ou desejo de saber — decorre da sublimação de intensas demandas pulsionais eróticas e destrutivas, o aluno vem para a sala de aula com possibilidades de aprendizagem e conhecimento determinadas pela configuração que sua vida pulsional adquiriu durante o conflito edipiano. Se o processo de recalcamento foi brando, as pulsões podem representar-se à consciência como curiosidade intelectual: estar aberto à investigação é o mesmo que querer saber de si, da própria sexualidade. Se o processo de recalcamento foi intenso, a mais simples

DA SEDUÇÃO NA RELAÇÃO PEDAGÓGICA

pergunta pode ser perigosa, pois remete a representantes pulsionais mantidos à força no inconsciente. Nesse último caso, poderosas resistências impedirão que a pulsão se represente à consciência, mesmo que sublimada em curiosidade. Estar fechado à investigação é o mesmo que não querer saber de si, da própria sexualidade.

Assim, quando transfere para o professor sentimentos da relação original, o aluno atualiza, ao mesmo tempo, um modo específico de relação com o conhecimento. É da qualidade desse modo de relação que a transferência depende para favorecer ou dificultar a concretização dos objetivos da relação pedagógica.

Na relação analítica, o analista exerce sua autoridade terapêutica controlando a transferência para romper a relação original de autoridade. O analista cometeria um grave equívoco e inviabilizaria a relação se não considerasse que os sentimentos do paciente a ele dirigidos, embora devam ser considerados na sua atualidade, pertencem a uma outra relação.

Na relação pedagógica, o professor exerce sua autoridade quando ensina. Mas como ensina? Estabelece a mediação entre o aluno e o conhecimento social, ou trata o conhecimento como propriedade individual a que o aluno jamais poderá aspirar? Trabalha para que o aluno possa vir a se *negar* como aluno, ou trabalha para que o aluno seja eternamente dependente dele? Trabalha para romper a dominação da autoridade original ou, ao contrário, recorre inconscientemente a ela? Considera que muitos dos sentimentos que o aluno lhe dirige podem pertencer a uma outra relação e que corresponder a eles equivale a abrir mão da autoridade pedagógica? Avalia que trazer as fixações infantis para o centro do processo educativo significa pôr em segundo plano a relação que o aluno deveria travar com o conhecimento? Leva em conta que a permanência dessa relação fantasmagórica — em que não vê o aluno concreto à sua frente — irá dificultar que no lugar do aluno surja o sujeito do conhecimento?

Contudo, como o professor poderia evitar a interferência dessas poderosas forças se não dispõe dos mesmos recursos que o analista? Mesmo que dispusesse de tais recursos, como poderia controlar a transferência de pelo menos vinte alunos, cada um com sua história psicossexual particular?

As considerações até aqui expostas evidenciam que as relações analítica e pedagógica evocam a reedição do protótipo original de autoridade. Todavia, essas relações se desenvolvem em contextos diferentes e têm objetivos distintos. Neste trabalho, proponho-me a demonstrar em que medida a relação pedagógica pode se valer da relação analítica sem, contudo, reproduzi-la. Ou seja, sem perder a sua especificidade.

Neste capítulo, analisei os sentimentos transferenciais daquele que se submete à autoridade. Essa é apenas uma das faces da relação. No próximo capítulo analisarei a contrapartida emocional de quem exerce autoridade.

(1) Cf. Birman, 1982.

(2) A respeito disso, consultar: Laplanche & Pontalis, 1983, p. 344.

(3) Cf. Freud, 1913, v. XIII, pp. 38-96.

(4) Utilizo o termo médico e não o termo psicanalista, seguindo a terminologia empregada pelo próprio Freud, que, como grande parte de seus seguidores, formou-se em Medicina. Isso não significa que o exercício da Psicanálise seja exclusivo dos médicos; a ela se dedicam especialistas de outras áreas, como filósofos e psicólogos. Mantenho o termo também porque, como se verá a se-

DA SEDUÇÃO NA RELAÇÃO PEDAGÓGICA

guir, a predisposição psicológica para a sugestão pode se manifestar tanto em terapias psicológicas como em terapias somáticas.

(5) Cf. Roustang, 1987, cap. 2.

(6) Cf. Kupfer, 1982, cap. II.

CAPÍTULO IV

Contratransferência

Dividi este capítulo em quatro partes. Na parte I, aponto a reação inconsciente à transferência como elemento indispensável para a constituição do campo transferencial. Na parte II, historio brevemente como o conceito de contratransferência se desenvolveu na teoria psicanalítica. Na parte III, aprofundo o conceito, demonstrando que o processo psicológico correspondente implica um retrocesso aos modos primitivos de relação. Na parte IV, assinalo a generalidade da contratransferência nas relações humanas e demonstro sua relação com o tema deste trabalho.

Conforme se poderá observar, mais uma vez recorrerei à relação analítica, porque foi também nela que a contratransferência foi inicialmente detectada e compreendida[1].

I

A organização pulsional já descrita refere-se à psique humana em geral e não apenas à psique do analisando ou à psique do aluno. Conflitos psicológicos não superados conduzem o neurótico à análise. Não pela natureza e sim pela intensidade desses conflitos, pois todos os seres humanos passam pelo mesmo processo de constituição pulsional: no decurso da identificação, desenvolvem um ego e um superego a partir do id, no jogo entre pulsões ávidas de expressão e satisfação.

Assim sendo, a psique daquele que ocupa o outro pólo da relação de autoridade — no caso, o analista — também passou por esse processo de constituição: identificou-se com os genitores por meio de sentimentos ternos de respeito e afeição; em seguida, tomou-os por objeto de sensualidade ou destruição; por fim, para abrandar a violência do conflito edipiano, retomou os sentimentos da primeira identificação.

Nessa dinâmica — em que uma parte das pulsões sofreu a ação do recalcamento, outra parte se manteve ligada aos objetos sexuais e outra parte sublimou-se às atividades não diretamente sexuais como, por exemplo, a atividade de investigação — houve uma conciliação entre as demandas do id, as demandas da realidade sobre o ego e as demandas do superego.

Disso resulta que a estrutura libidinal do analista também é ambivalente, fixada em etapas psicossexuais infantis, podendo reviver nas relações atuais os mesmos conflitos que o analisando: atualização de protótipos, compulsão à repetição e resistência. Portanto, não é imune à transferência, que atinge sua psique, desenterrando protótipos, revolvendo conflitos, ecoando sobre seu inconsciente e provocando verdadeiras reviravoltas internas. Essas reações inconscientes do analista à transferência do analisando recebem o nome de contratransferência, assim definida por Laplanche & Pontalis:

"Conjunto de reações inconscientes do analista à pessoa do analisando e mais particularmente à transferência deste" (1983, p. 146).

A relação analítica se constitui justamente porque o analista não é imune à transferência do analisando. Estivesse ele fora do alcance dessa influência, não haveria relação possível. De início, configura-se um campo transferencial fundado na comunicação de inconscientes. Para captar o movimento inconsciente do analisando, o analista não deve opor resistência àquilo que lhe diz seu próprio inconsciente. Para tanto, é necessário que já tenha elaborado seus próprios conflitos internos, pois somente assim poderá ajudar o analisando a ressignificar seus imagos. Do contrário, poderá se perder em meio à confusão entre os conflitos do analisando e os seus. Assim, o controle da transferência implica o controle da contratransferência; ou seja, para controlar a transferência do analisando, o analista precisa controlar sua própria contratransferência.

Para que Freud chegasse a essa compreensão, o conceito de contratransferência passou por um longo processo de elaboração.

II

O conceito desenvolveu-se concomitantemente ao de transferência, quando Freud abandonou a técnica sugestiva porque ela não permitia atingir os profundos conflitos psicológicos causadores da neurose.

A sugestão — calcada na disposição psíquica do paciente em cooperar — apenas substituía os sintomas originais pela transferência de afetos para o médico. Desse modo, passava a depender do médico assim como dependera dos pais. Nessa fixação libidinal residia a causa de sua neurose, e a análise deveria romper esse círculo vicioso. Além disso, a transferência que o predispunha a cooperar poderia pre-

DA SEDUÇÃO NA RELAÇÃO PEDAGÓGICA

dispô-lo a não cooperar, pela reedição da hostilidade e da desconfiança que outrora depositara nos genitores.

Portanto, a terapia precisava ir além da sugestão, para controlar as resistências e a compulsão à repetição. Ao mesmo tempo, o médico precisava aceitar os sentimentos transferenciais do paciente, pois eles eram a única pista do passado esquecido. Aceitar sentimentos — que invariavelmente provinham de fontes sexuais e hostis — implicava ouvir não apenas o discurso do consciente, como o discurso do inconsciente. Posição bastante difícil para o médico, pois, abrindo seu inconsciente à comunicação, emergiriam intensos sentimentos sensuais ou hostis recalcados. Assim, para que pudesse ouvir o paciente sem opor resistência, era indispensável que o médico tivesse superado seus próprios conflitos.

"E daí decorre que se exige uma qualificação importante do médico em seu trabalho: não somente deve seu caráter ser ilibado /.../ mas deve ele também ter superado em sua própria mente essa mescla de lascívia e pudicícia com que, infelizmente, tantos habitualmente consideram os problemas sexuais" (Freud, 1905, v. VII, p. 277).

Detenhamo-nos um pouco mais neste ponto. Estar aberto ao inconsciente do analisando significava ir além do plano da compreensão racional. Significava, sobretudo, perder as garantias do controle da razão e deixar fluir a própria contratransferência. Porém, ao mesmo tempo, o médico precisaria contê-la.

"Tornamo-nos cientes da contratransferência que, nele, surge como resultado da influência do paciente sobre os seus sentimentos inconscientes e estamos quase inclinados a insistir que ele reconhecerá a contratransferência, em si mesmo, e a sobrepujará" (Freud, 1910, v. XI, p. 130).

Desse modo, o desempenho do médico dependia do quanto tivesse desenvolvido o conhecimento de seus processos internos. A mesma regra a que o paciente se submetia — dizer tudo o que lhe viesse à mente, atenuando ao máximo toda a autocensura — valia também para ele. Deveria empreender uma escuta diferenciada, em que não houvesse seleção prévia do material. Uma escuta em que sua atenção não se fixasse apenas nas seqüências ordenadas da fala do paciente mas também, e fundamentalmente, nos lapsos, nas aparentes incoerências, nos silêncios. Sua atenção deveria contemplar todos esses tipos de material; deveria ser flutuante.

"Assim como o paciente deve relatar tudo o que sua auto-observação possa detectar, e impedir todas as objeções lógicas e afetivas que procuram induzi-lo a fazer uma seleção dentre elas, também o médico deve colocar-se em posição de fazer uso de tudo o que lhe é dito para fins de interpretação e identificar o material inconsciente oculto, sem substituir sua própria censura pela seleção de que o paciente abriu mão" (Freud, 1912, v. XII, p. 154).

Para desenvolver e utilizar a atenção flutuante — captando, a um só tempo, todas as dimensões da fala do paciente — era necessário que o médico contasse com seu próprio inconsciente.

"/.../ ele deve voltar seu próprio inconsciente, como um órgão receptor, na direção do inconsciente transmissor do paciente. Deve ajustar-se ao paciente como um receptor te-

DA SEDUÇÃO NA RELAÇÃO PEDAGÓGICA

lefônico se ajusta ao microfone transmissor" (Idem, ibidem, p. 154).

Entretanto, como poderia escutar com seu inconsciente sem se emaranhar nos próprios conflitos sexuais recalcados? Como poderia permitir a expressão dessas representações, em vez de resistir a elas? Para fazer de seu inconsciente um instrumento analítico, deveria atender a uma condição essencial: submeter-se à uma análise pessoal.

"Mas se o médico quiser estar em posição de utilizar seu inconsciente desse modo, como instrumento da análise, deve ele próprio preencher determinada condição psicológica em alto grau. Ele não pode tolerar quaisquer resistências em si próprio que ocultem de sua consciência o que foi percebido pelo inconsciente; de outra maneira, introduziria na análise uma nova espécie de seleção e deformação que seria muito mais prejudicial que a resultante da concentração da atenção consciente. Não basta para isto que ele próprio seja uma pessoa aproximadamente normal. Deve-se insistir, antes, que tenha passado por uma purificação psicanalítica e ficado ciente daqueles complexos seus que poderiam interferir na compreensão do que o paciente lhe diz. Não pode haver dúvida sobre o efeito desqualificante de tais defeitos no médico /.../" (idem, ibidem, pp. 154-155).

Assim, ao conhecimento teórico da psique humana e da técnica analítica acrescentava-se esse outro requisito. Circunscrita ao campo analítico, a contratransferência se transformaria em instrumento de trabalho.

III

Se a transferência do paciente é a reedição inconsciente de clichês estereotípicos de relação, a contratransferência é a resposta inconsciente do analista aos efeitos por ela produzidos em sua psique. Se os sentimentos transferenciais utilizam a relação presente para se expressar, o analista também atualiza fixações libidinais quando responde contratransferencialmente. Mas o analista não deve sufocar a contratransferência, ou seja, não deve se defender da transferência do paciente; deve, ao contrário, aceitá-la, conferindo importância aos sentimentos do paciente. Em síntese, deve permitir que seus sentimentos fluam, aceitando a própria contratransferência. Todavia, não pode permitir que flua desordenadamente: precisa controlá-la.

As descobertas freudianas sobre as reações contratransferenciais do analista e sobre a necessidade de seu controle acarretavam implicações de ordem prática.

"O que tenho em mente é o caso em que uma paciente demonstra, mediante indicações inequívocas, ou declara abertamente, que se enamorou, como qualquer outra mulher mortal poderia fazê-lo, do médico que a está analisando" (Freud, 1915, v. XII, p. 208).

Conforme já pudemos constatar, trata-se, aí, de uma transferência de sentimentos pertencentes às relações originais. A analisanda reedita fixações libidinais por intermédio do analista que lhe dá atenção. O analista deve conferir importância a esses sentimentos, sem perder de vista que se originam do passado. Precisa estar atento para não responder contratransferencialmente a eles.

"Para o médico, o fenômeno significa um esclarecimento

DA SEDUÇÃO NA RELAÇÃO PEDAGÓGICA

valioso e uma advertência útil contra qualquer tendência a uma contratransferência que pode estar presente em sua mente. Ele deve reconhecer que o enamoramento da paciente é induzido pela situação analítica e não deve ser atribuído aos encantos de sua própria pessoa; de maneira que não tem nenhum motivo para orgulhar-se dessa 'conquista', como seria chamada fora da análise" (Idem, ibidem, pp. 209-210).

O médico não deve retribuir esses sentimentos. Agir de modo contrário implica impedir que a paciente ressignifique seus conflitos, implica reiterar a transferência em vez de superá-la.

"O que aconteceria se o médico se comportasse diferentemente e, supondo que ambas as partes fossem livres, se aproveitasse dessa liberdade para retribuir o amor da paciente e acalmar sua necessidade de afeição? /.../ Se os avanços da paciente fossem retribuídos, isso constituiria grande triunfo para ela, mas uma derrota completa para o tratamento. Ela teria alcançado sucesso naquilo por que todos os pacientes lutam na análise — teria êxito em atuar *(acting out)*, em repetir na vida real o que deveria apenas ser lembrado, reproduzido como material psíquico e mantido dentro da esfera dos eventos psíquicos" (Idem, ibidem, p. 215).

Porém, quando não reage contratransferencialmente às demandas amorosas da paciente, o analista pode provocar sua ira ou, então, seu repentino desinteresse. Ela, que vinha cooperando entusiasticamente com o tratamento, ao sentir-se traída em sua paixão, procurará obstruí-lo. Pode vingar-se do analista, depositando nele toda sua hostilidade, ou pode vingar-se abandonando-o. Pode também declarar que já sarou e que não precisa mais do tratamento.

A paixão erótica exacerbada, a hostilidade desmedida e a indiferença são manifestações da resistência. Essas reações surgem como uma cortina de fumaça para ocultar os núcleos conflitivos subjacentes.

"Primeiro, e antes de tudo, mantém-se na mente a suspeita de que tudo que interfere na continuação do tratamento pode constituir expressão da resistência /.../. Ademais, esta modificação ocorre muito regularmente na ocasião precisa em que se está tentando levá-la a admitir ou recordar algum fragmento particularmente aflitivo e pesadamente reprimido da história de sua vida" (Idem, ibidem, pp. 211-212).

A resistência se coloca a serviço do recalque; a repetição dos modos de relação pelos quais o paciente veio à análise impede a elucidação dos conflitos. Ao incitar a transferência erótica, a resistência legitima o recalque: como no passado, mais uma vez a paciente se frustrará.

"Acima de tudo, porém, fica-se com a impressão de que a resistência está agindo como um *agent provocateur*; ela intensifica o estado amoroso da paciente e exagera sua disposição à rendição sexual, a fim de justificar ainda mais enfaticamente o funcionamento da repressão, ao apontar os perigos de tal licenciosidade" (Idem, ibidem, p. 212).

As considerações até aqui expostas demonstram que o controle do campo transferencial é muito complexo. Se o analista não corresponde aos sentimentos da paciente, muito embora lhes dê importância, ela pode vingar-se dele, criando uma série de obstáculos para a continuidade do tratamento. Afinal, a situação analítica provoca a transfe-

DA SEDUÇÃO NA RELAÇÃO PEDAGÓGICA

rência. É preciso enfrentá-la com muita habilidade, para não induzir ao desamparo, à submissão, à vergonha, à culpa, enfim, ao recalque.

"Instigar a paciente a suprimir, renunciar ou sublimar seus instintos, no momento em que ela admite sua transferência erótica, seria não uma maneira analítica de lidar com eles, mas uma maneira insensata. Seria exatamente como, se após invocar um espírito dos infernos, mediante astutos encantamentos, devêssemos mandá-lo de volta para baixo, sem lhe haver feito uma única pergunta. Ter-se-ia trazido o reprimido à consciência, apenas para reprimi-lo mais uma vez, num susto. Não devemos iludir-nos sobre o êxito de qualquer procedimento desse tipo. Como sabemos, as paixões pouco são afetadas por discursos sublimes" (Idem, ibidem, p. 213).

Desse modo, o analista não deve retribuir os sentimentos da paciente nem tampouco deve ignorá-los: deve aceitá-los sem fazer concessões à demanda pulsional. Mantidos em abstinência, se transformarão em forças que a incitarão a cooperar com o tratamento, a fim de poder ressignificar os protótipos em função dos quais adoeceu.

Por essas razões, o procedimento do analista é bastante diferenciado daquele que caracteriza as demais relações. Aceita os sentimentos transferenciais do paciente para circunscrevê-los ao campo analítico. Incita-os a aparecer para, em seguida, devolvê-los ao passado de onde provêm. Torna-os conscientes a fim de que o paciente possa desvendar seus nexos e dominá-los. Permite a transferência erótica para depois dissolvê-la. Diversamente de outras relações de autoridade, trabalha para que o sujeito possa retomar o curso interrompido de sua vida sexual.

"O caminho que o analista deve seguir /.../ é um caminho para o qual não existe modelo na vida real. Ele tem de tomar cuidado para não afastar-se do amor transferencial, repeli-lo ou torná-lo desagradável para a paciente; mas deve, de modo igualmente resoluto, recusar-lhe qualquer retribuição. Deve manter um firme domínio do amor transferencial, mas tratá-lo como algo irreal, como uma situação que se deve atravessar no tratamento e remontar às suas origens inconscientes e que pode ajudar a trazer tudo que se acha muito profundamente oculto na vida erótica da paciente para sua consciência e, portanto, para debaixo de seu controle" (Idem, ibidem, p. 216).

Convém lembrar que o que se constitui na situação analítica é um campo transferencial. Um campo onde se dá a comunicação de inconscientes entre os dois pólos. E que, portanto, no controle da transferência está implicado o controle da contratransferência. Controle para o qual a habilidade do analista dependerá do quanto ele tenha superado seus próprios recalques.

Nos deslizes contratransferenciais que porventura incorra, o analista trabalha contra a análise. Retrocede à superada técnica sugestiva, calcada na repetição do modelo superegóico. Desse modo, substitui a influência parental no superego do analisando, impingindo-lhe as mesmas expectativas ideais de seus pais no passado.

"Recusamo-nos, de maneira mais enfática, a transformar um paciente, que se coloca em nossas mãos em busca de auxílio, em nossa propriedade privada, a decidir por ele o seu destino, a impor-lhe os nossos próprios ideais, e, com o orgulho de um Criador, a formá-lo à nossa própria imagem e verificar que isso é bom" (Freud, 1919, v. XVII, p. 207).

DA SEDUÇÃO NA RELAÇÃO PEDAGÓGICA

Reagir à transferência do paciente equivale a reproduzir a dependência original que o trouxe para a análise. Equivale, sobretudo, a repetir o jogo em ele foi seduzido a formar seu superego à imagem do superego de seus pais *por* amor a eles; e ao mesmo tempo seduziu os pais, obedecendo-os *pelo* amor deles.

Em síntese, o caminho da reação contratransferencial do analista é o mesmo caminho da sugestão, via de acesso à sedução original, à retomada da onipotência superegóica da autoridade parental. Para romper com essa autoridade opressora o caminho é outro: é o caminho da circunscrição das intensas demandas pulsionais recalcadas ao campo psicanalítico, pela contenção das irrupções dos inconscientes; ou, ainda, é o caminho em que o controle da transferência está implicado no controle da contratransferência.

IV

Nesta última parte, não trabalharei separadamente os conceitos de transferência e de contratransferência. Remetem a processos psicológicos que separadamente não constituiriam o campo transferencial.

A relação analítica visa à dissolução da transferência. Nas demais relações sociais, o campo transferencial passa desapercebido. Ao contrário da relação analítica, pode-se dizer que elas estimulam a repetição dos imagos originais, transformados em ideais sociais. Eventualmente, esses imagos podem ser ressignificados, sem que para isso concorra qualquer esforço consciente das partes envolvidas.

Nas relações sociais em geral — independentemente de suas diferentes naturezas —, o componente de autoridade também se faz presente. Naquelas em que a autoridade não está formalmente definida — por exemplo, em uma relação amorosa, em uma relação de amizade, ou em uma relação entre militantes de um partido com a mesma posição hierárquica —, invariavelmente um dos pólos acaba assumindo implicitamente o lugar de quem tem mais a dizer sobre uma determinada coisa; ou o lugar de quem melhor sabe o que fazer. Isso não significa que, em situações diversas, a autoridade não possa transitar de um pólo ao outro.

Conseqüentemente, assim como nas relações formais, as relações informais de autoridade — ou implícitas — também se dão por meio do campo transferencial; ou seja, nelas também ocorre o retorno à identificação e à relação objetal: a reedição dos protótipos originais.

Mas as relações formais de autoridade e as relações informais têm entre si diferenças básicas.

Primeiramente, a definição institucional prévia acentua ainda mais o componente de autoridade nas relações formais, favorecendo o estabelecimento do campo transferencial. Nas relações informais, isso não se dá porque a transferência e a contratransferência surgem como demandas internas. Assim, as relações informais devem sua legitimidade e sua força ao fato de se constituírem sem a concorrência de demandas exteriormente impostas. Inversamente, nas relações formais a definição prévia outorga autoridade a um dos pólos, mas não assegura que essa autoridade será efetivamente reconhecida. A transformação da autoridade formal em autoridade real depende de um campo transferencial favorável às tarefas da relação.

Em segundo lugar, se a definição institucional prévia estimula a constituição do campo transferencial nas relações formais, ela também dissimula — muito mais que nas relações informais — o amor e/ou a hostilidade transferenciais, assim como a reação contratransferencial a esses afe-

DA SEDUÇÃO NA RELAÇÃO PEDAGÓGICA

tos. A definição institucional tem a função de garantir que a autoridade seja *previamente reconhecida* por aquele que ocupa o pólo hierárquico-inferior da relação e que seja *previamente investida* por aquele que ocupa o pólo hierárquico-superior. Ou seja, a definição prévia da autoridade antecipa aquilo que deveria se estabelecer na relação. Assim, o campo transferencial pode não ser percebido, porque é como se já estivesse ali presente e independesse daquela relação concreta. É isso que ocorre na relação pedagógica.

No próximo capítulo, estabelecerei a articulação entre os campos pedagógico e psicanalítico. A identificação, a transferência e a contratransferência criam as condições psicológicas para que a sedução descaracterize a relação pedagógica.

(1) Cf. Birman, 1982.

CAPÍTULO V

Da Sedução na Relação Pedagógica

A conceituação precedente permite agora demonstrar em que medida o autoritarismo pedagógico decorre da sedução. Nessa relação formal de autoridade, a reedição dos protótipos infantis relega o conhecimento a segundo plano. Dividi este capítulo em seis partes: a parte I, onde aponto os elementos psicológicos responsáveis pela transferência do aluno; a parte II, onde discuto as conseqüências que a transferência acarreta para a efetivação dos objetivos da relação pedagógica; a parte III, onde abordo a contratransferência — reação psicológica do professor que completa o campo transferencial; a parte IV, onde discuto as implicações deste campo para os objetivos pedagógicos; a parte V, onde considero a imprescindibilidade de o professor romper a dominação da autoridade original, para que a relação pedagógica não reproduza a sedução; por fim, a parte VI, onde indico o ponto ideal em que o campo transferencial favorece a tarefa pedagógica.

I

"/.../ é difícil dizer se o que exerceu mais influência sobre nós e teve importância maior foi nossa preocupação pelas

DA SEDUÇÃO NA RELAÇÃO PEDAGÓGICA

ciências que nos eram ensinadas, ou pela personalidade de nossos mestres. É verdade, no mínimo, que esta segunda preocupação constituía uma corrente oculta e constante em todos nós, e, para muitos, os caminhos das ciências passavam apenas através de nossos professores. Alguns detiveram-se a meio caminho dessa estrada, e para uns poucos — porque não admitir outros tantos? — ela foi por causa disso definitivamente bloqueada" (Freud, 1914, v. XIII, p. 286).

Quantas vezes nós, professores, já percebemos que o aluno está mais interessado em nós do que naquilo que dizemos? Quantas vezes já nos envaidecemos com isso? Quantas vezes já abusamos disso?

Por outro lado, quantas vezes já nos inquietamos, e mesmo nos frustramos com aquele aluno que parece ignorar nossos esforços para ensiná-lo? Quantas vezes já tivemos vontade de hostilizar aquele aluno que nos olha com desprezo, raiva, ou, então, nos trata com displicência?

Quantas vezes já nos perguntamos o que fizemos para despertar o amor exacerbado, a hostilidade e a indiferença? Quantas vezes, esquivando-nos desses extremos, já fingimos não perceber o que se passa à nossa volta? A que devemos tudo isso, se ali estamos apenas para ensinar?

Ao contrário do que se pode supor, essas situações não são comuns apenas no primeiro grau — onde a criança ainda é muito dependente dos pais e vê o professor como continuação deles — e no segundo grau, onde o adolescente, no período de redefinição psicossexual, revive a problemática do conflito edipiano. São também muito freqüentes no terceiro grau e mesmo nos cursos de pós-graduação, nos quais muitos dos alunos são também professores. Qual seria a razão de alunos adultos — supostamente mais autônomos intelectual e afetivamente — procederem de modo tão similar às crianças?

Já estamos em condições de compreender que essas situações se devem à transferência de afetos da relação original para a relação com o professor; que, por operar inconscientemente, a transferência independe do fator idade.

Na verdade, a transferência de protótipos decorre dos caminhos e descaminhos do processo de organização pulsional; da fixação da libido em estágios psicossexuais infantis, quando uma parte da demanda pulsional não pôde ser satisfeita. Impedida de expressão e desenvolvimento, parte das pulsões retornou ao inconsciente, que desconhece a lógica e a temporalidade dos processos conscientes: a qualquer momento e em qualquer lugar elas podem retornar, clamando pela satisfação adiada. Por isso, os mecanismos psicológicos que determinam a transferência do aluno são os mesmos no primeiro, segundo e terceiro graus. Mas, neste último, a manifestação da transferência costuma ser mais sutil, menos direta que no segundo e, principalmente, no primeiro grau, onde a vida escolar ainda é uma extensão da vida familiar.

Além disso, o contexto pedagógico reforça essa predisposição psíquica do aluno à transferência: definindo previamente quem irá se submeter e quem irá se investir de autoridade, remete à relação original. Ou seja, a assimetria entre professor e aluno remete à polaridade inicial entre o genitor — que sabe e provê — e a criança, que quer saber e ser provida.

Investiguemos um pouco mais a relação criança-adulto, para aprofundar a compreensão dos elementos psicológicos implicados na transferência do aluno.

No início da vida, esse aluno experimentou os mais ternos e os mais intensos sentimentos amorosos, assim como

DA SEDUÇÃO NA RELAÇÃO PEDAGÓGICA

experimentou os mais intensos sentimentos hostis em relação a seus pais: identificou-se terna e respeitosamente com eles, transformando-os no seu primeiro modelo de ser humano. Em seguida, enamorou-se de um deles, hostilizando o outro que se interpunha à posse. Conviveu bem com o antagonismo desses sentimentos até o momento em que se tornaram inconciliáveis para o ego: no apogeu do conflito edipiano — pressionado pela realidade e pelas interdições do superego —, renunciou à sensualidade e à hostilidade, retornando à ternura da primeira identificação. A curiosidade sexual — despertada pelas mesmas demandas eróticas e hostis depositadas nos pais — também sofreu a ação do recalque. Sobreviveu como curiosidade genérica, aparentemente desinteressada das questões sexuais, pela sublimação das pulsões eróticas e hostis na pulsão do saber. O recalque abrandou mas não suprimiu a intensidade dos afetos antagônicos e da curiosidade sexual, relegados aos subterrâneos da vida psíquica. A ambivalência emocional desse período sobreviveu oculta sob a máscara da ternura; a curiosidade sexual foi sublimada em interesse pelas questões não sexuais. Na consciência, permaneceram o respeito, a brandura do amor e o espírito de investigação desinteressada; no inconsciente, sobreviveram os representantes recalcados das pulsões eróticas e hostis.

O superego — que já começara a fazer sentir os efeitos de suas interdições — recebeu uma nova contribuição: de objetos de amor e destruição, os pais retornaram à condição de modelo da primeira identificação. Modelos ideais a partir dos quais o ego será permanentemente avaliado. Desse modo, a sedução parental consumou sua vitória: ao constituir-se à imagem do superego dos pais — internalizando suas exigências por amor a eles —, o superego infantil pôde mostrar que já estava à altura de receber o amor deles. Ou seja, a sedução triunfou porque conseguiu impor ao superego o fascínio e a submissão à autoridade dos pais.

Esse percurso configurou a ambivalência da estrutura libidinal e determinou os futuros rumos da vida psicossexual. Constituiu o ego e o superego, e, portanto, os modos de ser, de querer saber, de amar, de odiar, de seduzir e de se deixar seduzir. Daí por diante, as expectativas que tiver em relação a si e aos outros passarão pelo crivo da identificação: ou seja, passarão por esse crivo as exigências superegóicas que fizer a si e aos outros[1].

Portanto, as fixações libidinais que o aluno traz para a sala de aula remetem, necessariamente, às pulsões sensuais e hostis recalcadas durante sua vida infantil. Remetem às pulsões que tentam forçar sua passagem à representação consciente, pela reedição prototípica da relação original. Mais especificamente, remetem ao momento da relação em que, impedida de satisfação e expressão pelo recalque, a libido ficou fixada. Agora, na sala de aula, o aluno revive esse momento transferindo para o professor todo o amor e toda a hostilidade dos quais, outrora, teve de abrir mão.

"Estes homens, nem todos pais na realidade, tornaram-se nossos pais substitutos. /.../ Transferimos para eles o respeito e as expectativas ligadas ao pai onisciente de nossa infância e depois começamos a tratá-los como tratávamos nossos pais em casa. Confrontamo-los com a ambivalência que tínhamos adquirido em nossas próprias famílias e, ajudados por ela, lutamos como tínhamos o hábito de lutar com nossos pais em carne e osso. A menos que levemos em consideração nossos quartos de criança e nossos lares, nosso comportamento para com os professores seria não

DA SEDUÇÃO NA RELAÇÃO PEDAGÓGICA

apenas incompreensível, mas também indesculpável" (Idem, ibidem, p. 288).

II

A transferência do aluno para o professor acarreta duas importantes conseqüências para os objetivos da relação pedagógica. Por um lado, a reedição da relação original é o elo que inaugura a relação. Assim como as demais relações sociais, a relação pedagógica instaura-se a partir da herança emocional da antiga relação. Não fosse esse modelo, essa base emocional de relação, o aluno sequer teria elementos psicológicos para se identificar com o professor. Por outro lado, essa mesma base psicológica pode dificultar a concretização dos objetivos propostos: ao reviver a relação passada, o aluno não vê o professor real.

Para que a relação se desenvolva, é necessário que esse primeiro momento seja superado: o aluno deverá caminhar da paixão transferencial pelo professor para a paixão pelo conhecimento. Em termos pulsionais, a pulsão sexual e a pulsão destrutiva fundamental devem sublimar-se na pulsão do saber; ou seja, sensualidade e hostilidade devem transformar-se em curiosidade.

Detenhamo-nos um pouco mais na transferência. Conforme vimos anteriormente, ela apresenta vários matizes: manifesta-se como transferência positiva de sentimentos ternos de afeição e respeito; como transferência positiva de sentimentos eróticos; e como transferência negativa de sentimentos hostis — esses vários sentimentos podem convergir para a mesma pessoa. A transferência positiva de sentimentos ternos é mais favorável aos objetivos das relações de autoridade, porque envolve representações facilmente admissíveis à consciência. O mesmo não ocorre na transferência positiva erótica e na transferência negativa hostil: os sentimentos inadmissíveis à consciência sofreram a ação do recalque e, por isso, forçam sua passagem de forma violenta. Dificultam os objetivos das relações de autoridade porque a violência oculta sua real origem. Encoberta pela paixão e deslocada de seu contexto, a transferência conduz à repetição cega do passado; à repetição — no nível da esfera motora — dos conteúdos que deveriam ser ressignificados psicologicamente.

Quando transfere o amor e/ou a hostilidade para o professor, o aluno atende à libido fixada no passado conflitivo. Ao mesmo tempo, resiste à recordação desse passado porque atua os sentimentos dele provenientes como se pertencessem à relação presente. Repetindo incessantemente o amor e o ódio, tende para o ciclo vicioso que impede sua relação com o conhecimento: atribui ao professor a função de objeto da pulsão e não a função de mediador. As energias libidinais que deveriam convergir para a atividade intelectual estão aprisionadas à revivescência do conflito infantil.

Portanto, a repetição que opera como resistência à recordação do passado, opera também como resistência à alteração psíquica que os novos conhecimentos poderiam promover na psique do aluno; atraindo as energias fixadas no passado, os conteúdos poderiam propiciar a ressignificação.

Se a transferência é o ponto de partida da relação pedagógica — sua base psicológica possível —, ela não pode ser o seu ponto de chegada.

Ademais, devemos nos lembrar que, quando o aluno revive transferencialmente o amor e o ódio originais na relação pedagógica, também revive todo o fascínio e todo o temor à autoridade parental. Revive, assim, o momento em que foi seduzido a assimilar as características restritivas do superego de seus pais, fazendo deles o centro de sua vida.

DA SEDUÇÃO NA RELAÇÃO PEDAGÓGICA

Aprisionado pela repetição, o aluno relega o conhecimento a segundo plano, privilegiando sua paixão ambivalente pelo professor. As funções críticas de seu superego ficam debilitadas, pois a influência do professor toma o lugar da influência parental. Desse modo, a transferência reitera a sedução.

Para que o conhecimento ocupe o centro da relação pedagógica, é necessário que a intensa transferência afetiva dê lugar aos sentimentos ternos e à curiosidade. Dessa maneira, o aluno desenvolverá os elementos psicológicos necessários à sua emancipação intelectual.

Abro aqui um parêntese: como a escola regular pode enfrentar a transferência? Deve transformar-se em um arremedo de consultório analítico para terapeutizar seus alunos? Definitivamente, não! Sua função é pedagógica.

Por isso, antes de tudo ela deve investir na formação do professor, para que ele tenha competência e compromisso com o que faz, e para que tenha consciência de *como* o faz. Mas essa consciência pedagógica não se restringe às habilidades teóricas e metodológicas. Implica também a consciência de seu lugar no campo em que é afetado pela transferência do aluno. Passemos, então, à contratransferência.

III

A reação inconsciente do professor à transferência do aluno — contratransferência — completa o campo que possibilita o surgimento da relação.

Desse modo, ele não é imune à transferência do aluno. Ou seja, não é imune à ternura, ao amor e ao ódio transferenciais. Pode retribuir ou não esses afetos, pode fingir não percebê-los, enfim, pode tomar várias atitudes — das mais às menos adequadas. Seja qual for seu procedimento, necessariamente terá como ponto de partida os afetos transferenciais do aluno.

A contratransferência fundamenta-se no seguinte: assim como seu aluno, ele também tem fixações em etapas psicossexuais infantis. Também identificou-se com seus genitores, transformando-os no seu primeiro modelo de ser. Em seguida, também passou pelo conflito edipiano que o obrigou a retornar à primeira identificação.

Seu superego também introjetou a autoridade parental, sucumbindo à sedução. A curiosidade sexual também foi recalcada; da sublimação restou uma curiosidade aparentemente desinteressada das questões sexuais.

Portanto, pode reviver a relação original nas relações atuais por intermédio dos mesmos mecanismos que seu aluno: resistência e compulsão à repetição.

Na relação pedagógica, reedita seus protótipos reagindo contratransferencialmente à transferência do aluno. Retorna aos momentos conflitivos de seu passado, procedendo como se os sentimentos transferenciais do aluno se devessem exclusivamente à sua pessoa. Abre-se o campo de comunicação entre inconscientes.

Contudo, essa forma de comunicação inicial precisa ser superada. O aluno precisa se libertar da transferência, para que as energias aprisionadas sejam liberadas para o trabalho de aprender; o professor precisa romper a contratransferência, para que as energias fixadas sejam dispendidas no trabalho de ensinar.

Para cumprir sua função de mediador entre o aluno e o conhecimento, o professor não deve corresponder aos intensos sentimentos transferenciais. Sua contratransferência apenas reforçaria a transferência do aluno, instalando um círculo vicioso em que a relação pedagógica serviria de pretexto para a revivescência mútua das fixações libidinais.

DA SEDUÇÃO NA RELAÇÃO PEDAGÓGICA

Para que o saber ocupe o centro da relação, o amor e o ódio devem ser substituídos pelo desejo de ensinar e pelo desejo de aprender.

IV

O campo transferencial acarreta duas importantes conseqüências para os objetivos da relação pedagógica. Por um lado, é a partir da transferência do aluno e da contratransferência do professor que a relação se estabelece. Não fosse essa herança emocional das relações originais, ambos sequer teriam elementos psicológicos para se vincularem. Por outro lado, essa mesma herança emocional dificulta a realização das tarefas pedagógicas, pois o professor e o aluno não se relacionam como pessoas reais. Ao contrário, relacionam-se com a pessoa idealizada que cada um tem dentro de si. A relação precisa superar esse momento inicial para atingir seus objetivos.

Quando reage contratransferencialmente à ternura, ao amor e ao ódio, o professor atende, a um só tempo, às suas fixações infantis e às fixações do aluno. O aluno passa a ocupar o lugar das figuras prototípicas de seu passado, e ele passa a ocupar o lugar dos protótipos infantis do aluno. Repetem seus passados, em vez de extraírem da nova relação a possibilidade de ressignificá-los. O professor substitui sua função de mediador pela satisfação compulsiva de pulsões que deveriam estar sublimadas no trabalho intelectual; e o aluno substitui suas oportunidades de aprendizagem pela satisfação compulsiva de pulsões que deveriam estar sublimadas na curiosidade. A sedução parental suplanta a relação pedagógica.

Conforme vimos anteriormente, quando revive o amor e o ódio originais na relação com o professor, o aluno também revive o momento em que foi seduzido a assimilar as características do superego de seus pais. Transfere para o professor todo o fascínio e todo o temor à autoridade original, esperando que ele corresponda a tais sentimentos, assim como fizeram seus pais no passado.

O professor reproduz esse momento da sedução original quando reage contratransferencialmente à transferência do aluno. Desse modo, substitui a influência parental no superego do aluno, seduzindo-o a cumprir, por amor, suas expectativas superegóicas. Por sua vez, o aluno atende a tais exigências superegóicas do professor — da mesma maneira que atendera às exigências superegóicas de seus pais — demonstrando-lhe que é digno do seu amor porque corresponde aos seus desejos; assim, seduz o professor do modo como seduziu os pais. A partir dessa contratransferência configura-se o processo da sedução recíproca: cada um deles passa a atender às demandas emocionais do outro. Ambos permanecem aprisionados ao fascínio sedutor da autoridade parental.

O campo transferencial que inaugura a relação pedagógica precisa ser progressivamente superado. Novas bases deverão sustentar a relação: o professor trabalhará para que o aluno cresça intelectualmente e não para que se transforme em um filho ideal; o aluno trabalhará para aprender e não para conquistar o amor ou a hostilidade do professor.

V

O professor efetiva sua autoridade pedagógica quando rompe a dominação que a autoridade original exerce sobre ele e sobre o aluno. A única maneira de fazê-lo é não atender à sedução de ocupar contratransferencialmente seu lugar.

Pela contratransferência, o professor substitui a influên-

DA SEDUÇÃO NA RELAÇÃO PEDAGÓGICA

cia parental no superego do aluno pela sua própria influência, reforçando, ao mesmo tempo, sua própria identificação com a autoridade de seus pais. Essas suas reações completam a outra face da sedução na relação: na medida em que corresponde ao amor e ao ódio do aluno, abusa de sua autoridade pedagógica porque não a utiliza para ensinar, mas sim para repetir seu conflito original.

Vale-se da demanda transferencial do aluno, manipulando-o, oferecendo-se a ele no lugar do conhecimento. Reedita a autoridade parental para esquivar-se de sua autoridade pedagógica: exercê-la o exporia à crítica, perigosa para seus ideais superegóicos. O recurso à autoridade parental funciona como uma névoa para manter o aluno afastado do conhecimento, que, dessa maneira, permanece inalterado na condição de propriedade privada do professor.

É preciso relativizar os obstáculos da contratransferência: o professor que sabe pode ensinar, mesmo quando não tem consciência do campo transferencial. Ocorre, entretanto, que o desconhecimento desse campo debilita sua ação pedagógica, arremessando-o a uma prática contraditória, em que ora ensina e ora reage inconscientemente à transferência do aluno.

Para cumprir adequadamente sua função de mediador, o professor deve conferir importância aos sentimentos transferenciais que o aluno lhe dirige, sem corresponder a eles. Deve, ao contrário, insistir na tarefa de ensinar, canalizando as energias fixadas do aluno para a atividade intelectual.

O professor precisa estar atento ao movimento psicológico da relação, para criar as condições em que o campo transferencial ceda lugar ao conhecimento. Para que o aluno supere a dependência intelectual e possa *negar-se* enquanto aluno.

Cabe ao professor a responsabilidade de reverter o campo transferencial que, no início, viabiliza a relação pedagógica. Mas o aluno pode permanecer insensível a esses esforços. Este risco é próprio do trabalho pedagógico: o professor comete um grande equívoco quando considera que sempre é ouvido por todos. Mas ele deve prosseguir, insistir, pois, quanto menos reagir à transferência, mais se fará ouvir.

Seu lugar privilegiado na hierarquia pedagógica e seu preparo intelectual colocam-no em melhores condições para reverter o campo transferencial. O aluno depende efetivamente dele para aprender e para ser promovido e, por isso, revive, através dele, a dependência original. Por essa razão, ele precisa se investir de sua autoridade pedagógica para neutralizar a autoridade original. Rompendo o fascínio sedutor que essa autoridade exerce sobre ele e sobre o aluno, criará as condições para que a relação pedagógica centre-se no conhecimento.

Sem dúvida, o contexto pedagógico impõe limitações à superação do autoritarismo exercido como sedução. Entretanto, desvelei o processo pelo qual ela opera, não apenas para caracterizá-la, mas, sobretudo, para interferir na prática docente.

VI

Conforme considerei, a definição prévia da autoridade antecipa o campo transferencial da relação pedagógica.

Mesmo antes de se conhecerem, professor e aluno já têm expectativas ideais para a futura relação. O professor vislumbra um aluno ideal, e o aluno vislumbra um professor ideal.

Mas não há como fugir dessa situação. É justamente esse campo transferencial que cria as condições psicológicas para

DA SEDUÇÃO NA RELAÇÃO PEDAGÓGICA

que a relação se estabeleça. Não imaginasse um aluno que quer aprender, para quem o professor prepararia as aulas? Não reconhecesse no professor autoridade para ensiná-lo, o aluno não teria por que estar na sala. Sendo assim, a expectativa — que pode ou não se confirmar — é necessária tanto para o professor como para o aluno. O professor poderá adequar seu ideal de aluno ao aluno real, e o aluno poderá adequar seu ideal de professor ao professor real: as representações ideais poderão vir a corresponder àquelas pessoas em carne e osso. Poderá ocorrer o inverso: o aluno passa o curso todo esperando por um professor que não está ali, e o professor passa o curso todo sonhando com um aluno inexistente.

Na relação que envolva um professor qualificado e um aluno com os requisitos intelectuais prévios, a natureza e a intensidade dos sentimentos do campo transferencial determinarão o sucesso ou fracasso da ação pedagógica.

Detenhamo-nos nesse ponto. A transferência do aluno é sempre ambivalente. Ele reedita sentimentos positivos de afeição e sensualidade — transferência positiva — e reedita sentimentos negativos de hostilidade — transferência negativa. O professor é, ao mesmo tempo, objeto de sua ternura, de sua sensualidade e de sua hostilidade[2].

A transferência de sentimentos ternos predispõe o aluno a cooperar com o professor. Nela não existe lugar para a expressão direta das pulsões eróticas e hostis, presentes mas sublimadas na pulsão do saber. Na consciência, manifestam-se apenas os sentimentos de afeição e respeito que canalizam as energias do aluno para o trabalho intelectual.

Contudo, essa mesma transferência positiva de sentimentos brandos pode dar lugar à transferência positiva de intensos sentimentos eróticos. Nesse caso, a expressão direta da pulsão sexual obstrui o caminho da aprendizagem, porque aprisiona o aluno à repetição compulsiva de seu passado: a fixação da libido impede a liberação das energias para o trabalho intelectual. A transferência erótica operará como resistência aos novos conhecimentos.

A transferência positiva de sentimentos eróticos pode também ceder lugar à transferência negativa de sentimentos hostis. Frustrado em sua paixão, o aluno voltará toda a sua hostilidade para o professor. A expressão direta da pulsão destrutiva obstrui o aprendizado do aluno: não há lugar para a atividade intelectual onde impera a destrutividade.

Do mesmo modo que uma relação pedagógica pode começar por meio da transferência positiva que é substituída por uma transferência negativa, também pode começar por meio da transferência negativa que é substituída por uma transfência positiva. Essa facilidade de intercâmbio entre sentimentos antagônicos deve-se à configuração ambivalente da estrutura libidinal humana. O tipo de transferência fundadora da relação dependerá de o professor se encaixar a esse ou àquele protótipo.

A transferência ideal é aquela em que os sentimentos eróticos e hostis não têm intensidade suficiente para se tornarem conscientes. Ou seja, é aquela em que as intensas demandas pulsionais eróticas e destrutivas permanecem sublimadas na pulsão do saber, liberando as energias necessárias para a aprendizagem: na consciência aparecem apenas os sentimentos ternos de afeição e respeito.

Mas o que configura definitivamente o campo transferencial é a reação do professor à transferência do aluno. O ideal é que o professor aceite a transferência terna, utilizando-a como uma força para ajudar o aluno a trabalhar; que também aceite a transferência erótica e a transferência hostil, mas que se abstenha de corresponder a elas. Sua contratransferência ao amor e ao ódio exacerbados apenas fortalece a resistência do aluno à atividade intelectual.

A transferência do aluno concede um lugar superegóico ao professor. O professor não tem como fugir disso: fazê-lo significa esquivar-se da relação com o aluno. Contudo, existe um limite para a influência superegóica do professor sobre o aluno: se sua influência permanece restrita à esfera dos sentimentos brandos, ela favorece o percurso intelectual do aluno. Mas, se sua influência intensifica sentimentos eróticos e sentimentos hostis, ele e o aluno reproduzem a sedução original.

Portanto, a sedução na relação pedagógica não se deve ao campo transferencial e sim à maneira como esse campo se estrutura e se mantém. Professor e aluno têm corpos, têm emoções: seria pedir-lhes demais que compartilhassem somente interesses intelectuais.

Existe um ponto em que o campo transferencial favorece os objetivos da relação pedagógica. Trata-se daquele ponto em que o professor aceita a transferência, mas não reage a ela da forma que o aluno gostaria. Aceita sua ternura respeitosa e afetuosa para ajudá-lo a trabalhar; e no lugar da sedução contratransferencial, ao amor exacerbado e ao ódio, põe o conhecimento que legitima sua autoridade pedagógica.

Esse é o ponto crítico da relação pedagógica. Uma relação que tem como objetivo a superação da dependência intelectual e que, obstruída por poderosas resistências, pode não alcançar os objetivos propostos.

É necessário, então, diferenciar claramente dois modos de negação da relação pedagógica. Quando dominam o amor e/ou o ódio intensos e recíprocos, a relação é negada porque alunos e professores não conseguem articular-se na experiência de ensino e aprendizagem. Quando os sentimentos transferenciais e contratransferenciais permanecem na intensidade adequada, a relação pedagógica também tende a ser negada, mas, agora, de forma dialética: ela se desfaz no exato momento em que se consuma plenamente.

No próximo e último capítulo, aplicarei os conceitos aqui desenvolvidos na elucidação de situações pedagógicas de terceiro grau bastante típicas, nas quais se pode reconhecer a ação da sedução.

(1) Conforme observei anteriormente, nem sempre a severidade do superego dos filhos corresponde à severidade do superego dos pais. Além da contribuição parental, o superego também se avoluma por intermédio da força de que precisa lançar mão para conter a violência das paixões edipianas.

(2) Cf. Freud, 1940, v. XXIII, pp. 199-210.

CAPÍTULO VI

Qualquer Semelhança Não É Mera Coincidência

As três situações que analiso a seguir são reconstruções de algumas das minhas experiências pedagógicas: a prática de meus professores — no ensino de terceiro grau e na pós-graduação; minha prática docente; relatos de meus colegas de trabalho.

I

O professor Alfa Beto ensina em uma universidade. Desde os tempos da graduação sonhava fazê-lo: via no magistério uma importante função social. Aluno pouco dedicado, dividia seu tempo entre os estudos e a participação no movimento estudantil. Junto de seus companheiros, lutava pela democratização das decisões universitárias, pela autonomia da universidade, por mais verbas, pela melhoria da qualidade do ensino e pela democratização do acesso à universidade.

Hoje, professor e pesquisador, empenha-se nas mesmas lutas dos tempos estudantis, somando a elas a reivindicação

DA SEDUÇÃO NA RELAÇÃO PEDAGÓGICA

salarial. É muito comprometido com os ideais democráticos e emancipatórios.

Na graduação acreditava que sua prática política e seu compromisso democrático trariam os requisitos de que iria necessitar na vida profissional. Entretanto, quando deparou-se com as primeiras turmas na universidade, percebeu que aqueles requisitos não eram suficientes. Sentiu-se lesado pelos antigos professores, por não terem exigido dele mais trabalho intelectual. De lá para cá, transformou-se em uma pessoa muito estudiosa.

Acredita que deve associar a competência a seu compromisso político. Baseia sua autoridade pedagógica nessa competência e nesse compromisso e esmera-se o mais que pode para estabelecer a mediação entre os alunos e o conhecimento.

Estuda muito para ministrar seus cursos e está sempre atento às recentes produções de sua área. Prepara as aulas com afinco e rigor, aprofundando-se na exposição dos temas e conceitos. Dificilmente entra em sala sem preparar exaustivamente o material: vê na aula expositiva um importante instrumento de trabalho; propõe aos alunos que elaborem seminários somente nos momentos em que o referencial conceitual básico já tenha sido suficientemente aprofundado.

Sempre que possível, altera os programas de seus cursos a fim de enriquecê-los. Considera-se um bom professor e sempre problematiza sua prática pedagógica. Mesmo assim, vivencia algumas situações que fogem ao seu controle.

Situação I

Durante suas aulas, Alfa Beto costuma falar muito, da

hora que entra à hora que sai. Suas exposições são coerentes e articuladas; poucas vezes os alunos lhe fazem perguntas ou críticas. Quando surge alguma divergência em relação ao conteúdo, ele a discute exaustivamente, até que seja dirimida. Quando surge alguma crítica ao seu método de ensinar, ele a discute democraticamente, até que o aluno se convença.

Ele tem a impressão de que os alunos o entendem bem e por isso lhe fazem poucas perguntas ou críticas. Impressão que quase sempre é confirmada pelos próprios alunos: seja pela atenção que dispensam à sua aula, seja pelos comentários elogiosos que lhe fazem, seja pelos comentários de corredor que lhe chegam aos ouvidos, seja pelo resultado das avaliações — apenas os mais fracos e os relapsos vão mal. Esse quadro costuma se repetir na maioria das turmas para as quais ele tem lecionado.

Será que essa aparência de que tudo corre bem corresponde à essência dessa situação pedagógica? Vejamo-lo: conforme apontei anteriormente, a definição prévia de quem irá incorporar a autoridade e de quem irá reconhecê-la antecipa o campo transferencial que deveria se estabelecer a partir da relação concreta. No primeiro dia de aula, nosso professor já vem à sala com uma expectativa ideal de alunos, frustrada apenas por aqueles que não vão bem. Para ele, o aluno ideal é aquele que acompanha bem o curso, sem lhe criar problemas.

Na medida em que confirmam as expectativas do professor, os alunos também confirmam, na relação concreta, as expectativas de professor ideal que tinham no primeiro dia de aula. Para eles, o professor ideal — que o professor real confirma — é aquele que antecipa as respostas aos problemas de difícil solução, sem dar margem ao incômodo silêncio da dúvida e da reflexão. Enfim, o professor ideal é aquele por intermédio de quem aprendem, sem precisar pensar muito.

Professor e alunos selam um pacto velado, para se protegerem mutuamente. O professor se protege de submeter sua autoridade e sua competência aos questionamentos dos alunos; ao mesmo tempo, protege-se da autocrítica. A crítica comprometeria a imagem ideal de professor que ele tem de si, arremessando-o à dolorosa situação de confrontar esse modelo superegóico com sua competência real.

Por sua vez, os alunos se protegem da evidência da própria ignorância. Confirmando as expectativas do professor, confirmam também a imagem de aluno ideal que fazem de si: não se defrontam com o desconhecimento, com a dúvida, que os obrigaria à busca de uma maior autonomia intelectual. A liberdade lhes exigiria responsabilidade e trabalho redobrados.

O que se pode apreender da dinâmica psicológica desse quadro é o seguinte: nosso professor formou seu superego à imagem do superego de seus pais, por amor a eles e pelo amor deles. Em vista disso, alterar sua imagem superegóica ideal equivaleria a trair os pais, atraindo sobre si sua ira.

Assim, ele se antecipa à transferência dos alunos, procurando seduzi-los a se identificarem com ele, do mesmo modo pelo que foi seduzido a identificar-se com seus pais. Como na infância, mais uma vez ele se empenha para demonstrar seu amor e sua obediência aos genitores, reproduzindo prototipicamente a autoridade deles sobre alunos.

Na medida em que se identificam com o professor, confirmando-lhes as expectativas de amor e obediência, os alunos também o seduzem. Se lhe frustrassem as expectativas, correriam o risco de perder seu amor e incitá-lo à hostilidade. Procedem com o professor do mesmo modo que procederam com seus pais: o professor toma o lugar da influência parental superegóica.

Professor e alunos se esquivam da relação pedagógica, revivendo seus protótipos infantis de relação: a autoridade parental ocupa o lugar da autoridade pedagógica. O professor se esquiva de sua autoridade pedagógica, seduzindo os alunos a amá-lo como a um pai (e/ou uma mãe), para não correr o risco de atrair para si o ódio que as dificuldades inerentes ao processo de aprendizagem poderiam evocar nos alunos. Estes, se esquivam da ira que sua ignorância poderia despertar no professor, seduzindo-o a amá-los como filhos.

Em nome do amor — e para evitarem o ódio —, professor e alunos permanecem aprisionados ao fascínio e à dominação da relação original de autoridade: a sedução recíproca ocupa o lugar do conhecimento. Se esses alunos conseguem aprender alguma coisa, fazem-no em troca da autonomia intelectual usurpada pela sedução.

Na verdade, essa situação não está muito longe daquela que seria ideal. A distância é sutil, pois nela existem vários elementos positivos.

O professor estuda, prepara bem as aulas, empenha-se para que os alunos acompanhem a exposição; enfim, é um profissional sério.

Os alunos reconhecem a autoridade do professor, o que, como vimos, é o tipo de transferência ideal para o trabalho intelectual.

Contudo, existe algo no professor que transforma em temor os sentimentos ternos de respeito e reconhecimento dos alunos. Um temor que lhes paralisa a independência, transformando-os em repetidores daquilo que o professor diz.

Aquilo que compromete a prática de nosso professor não

DA SEDUÇÃO NA RELAÇÃO PEDAGÓGICA

diz respeito à sua competência técnica e sim ao despreparo emocional. Temendo evocar sentimentos hostis, ele se antecipa às dúvidas, às angústias, submetendo os alunos ao seu arbítrio. Nesse momento, abre mão de sua autoridade pedagógica em nome (da autoridade) do pai — e/ou da mãe —, que evitam o ódio dos filhos resolvendo tudo por eles; dos pais que, por amor aos filhos e pelo amor deles, os impedem de crescer.

Em sua ânsia para que a aula transcorra exatamente como a idealizou, o professor — auxiliado pela submissão de seus alunos — submete a relação real ao estereótipo de relação: a repetição dificulta a partilha e a criação.

Mesmo assim, ele ainda consegue ensinar. Mas ensina até o limite em que os alunos não prescindam dele para pensar. Aqueles alunos que conseguem estabelecer novas ligações conceituais fazem-no apesar dele.

A relação é negada de modo não dialético: a autoridade parental toma o lugar da relação pedagógica.

A benéfica influência que poderia exercer sobre esses alunos que o respeitam, acaba sendo desperdiçada pelo seu afã de que a relação transcorra de acordo com suas expectativas internas. Essa influência — que poderia fazer da sedução o impulso à emancipação dos alunos — acaba se desfigurando em submissão àquele que detém um conhecimento a que os alunos jamais poderão almejar.

Situação II

Não é sempre que Alfa Beto se sai bem com suas turmas. Em uma delas, ele se deparou com várias dificuldades. Alunos que o tratavam com hostilidade; alunos que pareciam indiferentes à sua presença; alunos que agiam displicentemente, perturbando a aula com freqüentes entradas e saídas e com conversas paralelas; alunos que se esforçavam para compreendê-lo e não o conseguiam; e aqueles poucos bons alunos que aproveitariam melhor o curso se não estivessem em uma turma tão fraca e indisciplinada. Definitivamente, aquela turma estava muito aquém da turma ideal.

Entretanto, o professor não perdia as esperanças. Preparava as aulas com o cuidado habitual, chegava no horário, respirava fundo e começava o trabalho, geralmente uma estafante batalha.

Certo dia, preparou uma aula excelente acreditando que, daquela vez, conseguiria atrair o interesse intelectual dos alunos. Investiu-se de toda paciência pedagógica e entrou disposto a ensinar. Contudo, ao final da aula, estava frustrado e irritado: mais uma vez dispendia energia em vão. Pensava: "Tentar ensinar esses alunos é o mesmo que atirar pérolas aos porcos!" E continuava: "São realmente ignorantes ou criam tantas dificuldades só para me atrapalhar?" E ruminava: "Vou fazer chamada logo no início da aula e aí eles vão ver quem é que manda aqui. Além disso, vou aplicar uma avaliação dificílima: só três ou quatro vão se sair bem".

Ele já tinha ouvido de outros colegas que aquela turma era "difícil". Tentou não se deixar influenciar e, no primeiro dia, chegou do modo habitual: pronto para conhecer e ensinar bons alunos. Todavia, os comentários se confirmaram. Ficou tão frustrado, que nem mesmo a solidariedade de colegas pôde consolá-lo.

Deparou-se com poderosas transferências hostis. Ocupava o lugar parental reservado ao ódio: os alunos o boicotavam sistematicamente.

Sentia-se testado e desrespeitado; a aula se transformava

DA SEDUÇÃO NA RELAÇÃO PEDAGÓGICA

em uma batalha sem trégua, onde um tentava vencer o outro pela força. Assim, tramava vingança.

A violência da transferência hostil dos alunos e a contratransferência irada do professor intensificavam o círculo vicioso da revivescência recíproca dos protótipos infantis.

Mesmo diante de tamanhas dificuldades, nosso professor não desistia. O curso caminhava mal, e ele precisava encontrar uma maneira de reverter aquele clima hostil. Mas todos os seus planos e tentativas foram vãos.

Assim como na situação anterior, a assimetria entre professor e alunos permaneceu inalterada. A relação foi negada, mas não foi superada: a autoridade parental ocupou o lugar da autoridade pedagógica. O professor transformou-se no alvo do ódio que outrora era dirigido aos genitores.

Situação III

Em uma das turmas, existia uma aluna que lhe chamava particularmente a atenção. Era sempre muito assídua, participava das aulas com vivo interesse e saía-se muito bem nas avaliações. Uma excelente aluna, digna de seu respeito intelectual e de sua admiração.

Algo naquela aluna o desconcertava profundamente. Durante as aulas, ela olhava para ele fixamente e não perdia nenhuma chance de chamar-lhe a atenção. Era quase sempre a primeira a introduzir uma discussão; fazia intervenções brilhantes e sempre encontrava uma maneira de elogiar seu trabalho.

Esses fatores faziam com que ele suspeitasse que o interesse da aluna ia além do interesse intelectual. Considerava as implicações éticas e, ao mesmo tempo, comprazia-se em imaginar que aquela jovem encantadora e inteligente pudesse estar apaixonada por ele. Afinal, não era tão mais velho que ela.

Existem várias possibilidades de desfecho para essa situação amorosa. Cada leitor já deve ter pensado em uma ou mais. Antes de considerá-las, analisarei o significado psicológico dos afetos partilhados entre o professor e sua aluna.

Nosso professor estava diante de uma transferência erótica da aluna. O amor que ela lhe dedicava ia além da ternura, do respeito e da admiração intelectual. Aqueles componentes eróticos da transferência amorosa — que os alunos da Situação I sublimavam no respeito e na submissão, e que os alunos da Situação II mascaravam através do ódio — agora se expressavam livremente. Além de se identificar com ele, no respeito e na admiração, a aluna também o tomava como objeto, utilizando seus dotes intelectuais a fim de atrair sua atenção para atraí-lo com seus encantos de mulher.

O impasse estava colocado. O professor deveria aceitar ou não a transferência erótica da aluna?

Essa situação pedagógica reafirmava a assimetria entre o professor e a aluna. Antes de qualquer possibilidade de desfecho, ambos já estavam irremediavelmente apaixonados, irremediavelmente seduzidos um pelo outro. Ela não o queria como professor e sim como objeto erótico; ele também a queria sensualmente e não como aluna: a relação pedagógica caminhava para sua própria negação, instaurando uma relação sensual em seu lugar.

II

Diante dessas situações, dificilmente conseguimos estabelecer o ponto ideal que nos permita operar — sem a in-

DA SEDUÇÃO NA RELAÇÃO PEDAGÓGICA

terferência de fantasmas — a mediação entre os alunos e o conhecimento. Na maioria das vezes, confundidos pelas intensas demandas afetivas do campo transferencial, não conseguimos conferir o devido lugar à nossa autoridade pedagógica. Oscilamos entre o abuso de autoridade pela sedução da omissão — quando, sob o pretexto de não sermos diretivos, ou autoritários, solicitamos que alunos exponham os assuntos que nós deveríamos expor — e o abuso de autoridade pela sedução da presença paternalista-maternalista, que sufoca a capacidade crítica dos alunos.

Fica uma advertência: nem sempre os afetos que os alunos nos destinam — amorosos, ou hostis — devem-se exclusivamente a nós: podem ser afetos transferenciais; nem sempre os afetos que partilhamos com alunos se devem à relação concreta: podem ser afetos contratransferenciais.

REFERÊNCIAS BIBLIOGRÁFICAS

ADORNO, T. W. y otros. *La Personalidad Autoritaria*. Buenos Aires, Editorial Proyección, 1965, caps. I, III, IV e V.

BIRMAN, J. Constituição do campo transferencial e o lugar da interpretação psicanalítica. IN: BIRMAN, J. e outros. *Transferência e Interpretação*. Rio de Janeiro, Campus, 1982.

BOHOSLAVSKY, R. A psicopatologia do vínculo professor-aluno: o professor como agente socializador. IN: PATTO, M. H. S. (Org.). *Introdução à Psicologia Escolar*. São Paulo, Queiroz, 1982.

CHAUI, M.de S. Ideologia e educação. *Educação e Sociedade*. 1980, nº 5, pp. 24-40.

FREUD, S. Carta nº 69 a Fliess (1987). IN: *Edição Standard Brasileira das Obras Psicológicas Completas de Sigmund Freud*. Trad. de José Luís Meurer. Rio de Janeiro, Imago, s/d., v. I, pp. 350-352.

. Fragmento da análise de um caso de histeria (1905). IN: *Edição Standard Brasileira das Obras Psicológicas Completas de Sigmund Freud*. Trad. de Jayme Salomão. Rio de Janeiro, Imago, s/d., v. VII, pp. 1-119.

DA SEDUÇÃO NA RELAÇÃO PEDAGÓGICA

. Três ensaios sobra a teoria da sexualidade (1905). IN: *Edição Standard Brasileira das Obras Psicológicas Completas de Sigmund Freud*. Trad. de Jayme Salomão. Rio de Janeiro, Imago, s/d., v. VII, pp. 123-252.

. Sobre a psicoterapia (1905). IN: *Edição Standard Brasileira das Obras Psicológicas Completas de Sigmund Freud*. Trad. de Jayme Salomão. Rio de Janeiro, Imago, s/d., v. VII, pp. 263-278.

. As perspectativas futuras da terapêutica psicanalítica (1910). IN: *Edição Standard Brasileira das Obras Psicológicas Completas de Sigmund Freud*. Trad. de Jayme Salomão. Rio de Janeiro, Imago, s/d., v. XI, pp. 125-136.

. A dinâmica da transferência (1912). IN: *Edição Standard Brasileira das Obras Psicológicas Completas de Sigmund Freud*. Trad. de José Octávio de Aguiar Abreu. Rio de Janeiro, Imago, s/d., v. XII, pp. 129-143.

. Recomendações aos médicos que exercem a psicanálise (1912). IN: *Edição Standard Brasileira das Obras Psicológicas Completas de Sigmund Freud*. Trad. de José Octávio de Aguiar Abreu. Rio de Janeiro, Imago, s/d., v. XII, pp. 145-159.

. Recordar, repetir e elaborar (1914). IN: *Edição Standard Brasileira das Obras Psicológicas Completas de Sigmund Freud*. Trad. de José Octávio de Aguiar Abreu. Rio de Janeiro, Imago, s/d., v. XII, pp. 189-203.

. Obsevações sobre o amor transferencial (1915). IN: *Edição Standard Brasileira das Obras Psicológicas Completas de Sig-*

mund Freud. Trad. de José Octávio de Aguiar Abreu. Rio de Janeiro, Imago, s/d., v. XII, pp. 205-223.

. Totem e tabu (1913). IN: *Edição Standard Brasileira das Obras Psicológicas Completas de Sigmund Freud*. Trad. de Órizon Carneiro Muniz. Rio de Janeiro, Imago, s/d., v. XIII, pp. 13-194.

. Algumas reflexões sobre a psicologia do escolar (1914). IN: *Edição Standard Brasileira das Obras Psicológicas Completas de Sigmund Freud*. Trad. de Órizon Carneiro Muniz. Rio de Janeiro, Imago, s/d., v. XIII, pp. 281-288.

. Sobre o narcisismo: uma introdução (1914). IN: *Edição Standard Brasileira das Obras Psicológicas Completas de Sigmund Freud*. Trad. de Themira de Oliveira e outros. Rio de Janeiro, Imago, s/d., v. XIV, pp. 83-119.

. Luto e melancolia (1917). IN: *Edição Standard Brasileira das Obras Psicológicas Completas de Sigmund Freud*. Trad. de Themira de Oliveira e outros. Rio de Janeiro, Imago, s/d., v. XIV, pp. 269-294.

. Linhas de progresso na terapia psicanalítica (1919). IN: *Edição Standard Brasileira das Obras Psicológicas Completas de Sigmund Freud*. Trad. de Eudoro Augusto Macieira de Souza. Rio de Janeiro, Imago, s/d., v. XVII, pp. 197-211.

. Psicologia de grupo e a análise do ego (1921). IN: *Edição Standard Brasileira das Obras Psicológicas Completas de Sigmund Freud*. Trad. de Christiano Monteiro Oiticica. Rio de Janeiro, Imago, s/d., v. XVIII, pp. 87-179.

. O ego e o id (1923). IN: *Edição Standard Brasileira das Obras Psicológicas Completas de Sigmund Freud*. Trad. de José Octávio de Aguiar Abreu. Rio de Janeiro, Imago, s/d., v. XIX, pp. 11-83.

. Inibições, sintomas e ansiedade (1926). IN: *Edição Standard Brasileira das Obras Psicológicas Completas de Sigmund Freud*. Trad. de Christiano Monteiro Oiticica. Rio de Janeiro, Imago, s/d., v. XX, pp. 93-201.

. Conferência XXXI (A dissecção da personalidade psíquica) (1933). IN: *Edição Standard Brasileira das Obras Psicológicas Completas de Sigmund Freud*. Trad. José Luís Meurer. Rio de Janeiro, Imago, s/d., v. XXII, pp. 75-102.

. Conferência XXXIII (Feminilidade) (1933). IN: *Edição Standard Brasileira das Obras Psicológicas Completas de Sigmund Freud*. Trad. de José Luís Meurer. Rio de Janeiro, Imago, s/d., v. XXII, pp. 139-165.

. Esboço de psicanálise (1940). IN: *Edição Standard Brasileira das Obras Psicológicas Completas de Sigmund Freud*. Trad. de José Octávio de Aguiar Abreu. Rio de Janeiro, Imago, s/d., v. XXIII, pp. 163-237.

KUPFER, M. C. M. *Relação Professor-Aluno: uma leitura psicanalítica*. USP-SP, 1982 (Dissertação de Mestrado).

LA BOÉTIE, E. De. *Discurso da Servidão Voluntária*. 3 ed. São Paulo, Brasiliense, 1986.

LAPLANCHE, J. *Teoria da Sedução Generalizada e Outros Ensaios*. Porto Alegre, Artes Médicas, 1988, cap. 10.

LAPLANCHE, J. & PONTALIS, J.-B. *Vocabulário da Psicanálise*. 7ª ed. Lisboa, Martins Fontes, 1983.

LASCH, C. *A Cultura do Narcisismo*. Rio de Janeiro, Imago, 1983, cap. 7.

LIBÂNEO, J. C. *Democratização da Escola Pública — a pedagogia crítico-social dos conteúdos*. São Paulo, Loyola, 1985.

MAKARENKO, A. S. *Poema Pedagógico*. São Paulo, Brasiliense, 1985, 1986, v. 1 e v. 2.

MARCONDES FILHO, C. (Org.) *A Linguagem da Sedução: a conquista das consciências pela fantasia*. São Paulo, Com-Arte, 1985, cap. I.

MELLO, G. N. de. *Magistério de 1º Grau: da competência técnica ao compromisso político*. 4ª ed., São Paulo, Cortez, 1984.

MONZANI, L. R. Sedução e fantasia. *Manuscrito — Revista de Filosofia*. Campinas, 1984, nºs. 1 e 2, pp. 31-52.

MORGADO, M. A. *Ensaio Sobre a Sedução na Relação Pedagógica*. São Paulo, PUC-SP, 1989 (Dissertação de Mestrado).

NICOLAI-DA-COSTA, A. M. *Sujeito e Cotidiano: um estudo da dimensão psicológica do social*. Rio de Janeiro, Campus, 1987, cap. 4.

RIEFF, P. *Freud: pensamento e humanismo*. Belo Horizonte, Interlivros, 1979, cap. 5.

ROUSTANG, F. *Um Destino Tão Funesto*. Rio de Janeiro, Taurus, 1987, caps. 1 e 2.

SAVIANI, D. *Escola e Democracia*. 3ª ed., São Paulo, Cortez, 1984.

SNYDERS, G. *Para Onde Vão as Pedagogias Não-Directivas?* 2ª ed. Lisboa, Moraes,, 1978.

MARIA APARECIDA MORGADO nasceu em Novo Horizonte, São Paulo, em 18 de maio de 1956. Formada em Psicologia pela UNESP-Assis, é mestre e doutora em Psicologia Social pela PUC-SP. Docente da Universidade Federal de Mato Grosso, no Campus de Cuiabá, atua nas Licenciaturas e no Curso de Comunicação Social. Na Pós-Graduação *strictu sensu*, integra a Linha de Pesquisa "Movimentos Sociais, Política e Educação Popular" do Programa de Educação da UFMT e colabora com o Grupo de Pesquisa "Psicanálise e Sociedade" do Programa de Psicologia Social da PUC-SP. Autora de livros, capítulos em coletâneas e artigos em revistas científicas, sua produção intelectual é marcada pela relevante contribuição cujo alcance ultrapassa os limites de sua área, abordando temas que representam desafios para profissionais da Educação e da Psicologia.

IMPRESSO NA
sumago gráfica editorial ltda
rua itauna, 789 vila maria
02111-031 são paulo sp
telefax 11 **6955 5636**
sumago@terra.com.br

------------------------------ dobre aqui ------------------------------

CARTA RESPOSTA
NÃO É NECESSÁRIO SELAR

O SELO SERÁ PAGO POR

AC AVENIDA DUQUE DE CAXIAS
01214-999 São Paulo/SP

------------------------------ dobre aqui ------------------------------

CADASTRO PARA MALA-DIRETA

Recorte ou reproduza esta ficha de cadastro, envie completamente preenchida por correio ou fax, e receba informações atualizadas sobre nossos livros.

Nome: _____ Empresa: _____
Endereço: ☐ Res. ☐ Coml. _____ Bairro: _____
CEP: _____-_____ Cidade: _____ Estado: _____ Tel.: (___) _____
Fax: (___) _____ E-mail: _____ Data de nascimento: _____
Profissão: _____ Professor? ☐ Sim ☐ Não Disciplina: _____

1. Você compra livros:
☐ Livrarias ☐ Feiras
☐ Telefone ☐ Correios
☐ Internet ☐ Outros. Especificar: _____

2. Onde você comprou este livro? _____

3. Você busca informações para adquirir livros:
☐ Jornais ☐ Amigos
☐ Revistas ☐ Internet
☐ Professores ☐ Outros. Especificar: _____

4. Áreas de interesse:
☐ Educação ☐ Administração, RH
☐ Psicologia ☐ Comunicação
☐ Corpo, Movimento, Saúde ☐ Literatura, Poesia, Ensaios
☐ Comportamento ☐ Viagens, Hobby, Lazer
☐ PNL (Programação Neurolingüística)

5. Nestas áreas, alguma sugestão para novos títulos? _____

6. Gostaria de receber o catálogo da editora? ☐ Sim ☐ Não

7. Gostaria de receber o Informativo Summus? ☐ Sim ☐ Não

Indique um amigo que gostaria de receber a nossa mala-direta

Nome: _____ Empresa: _____
Endereço: ☐ Res. ☐ Coml. _____ Bairro: _____
CEP: _____-_____ Cidade: _____ Estado: _____ Tel.: (___) _____
Fax: (___) _____ E-mail: _____ Data de nascimento: _____
Profissão: _____ Professor? ☐ Sim ☐ Não Disciplina: _____

Summus Editorial
Rua Itapicuru, 613 7º andar 05006-000 São Paulo - SP Brasil Tel. (11) 3872-3322 Fax (11) 3872-7476
Internet: http://www.summus.com.br   e-mail: summus@summus.com.br